Scoprire i Giochi Gratuiti Online

Disponibile Qui:

BestActivityBooks.com/FREEGAMES

5 CONSIGLI PER INIZIARE

1) COME RISOLVERE LE PAROLE INTRECCIATTE

I puzzle hanno un formato classico:

- Le parole sono nascoste senza spazi o trattini,...
- Orientamento: Le parole possono essere scritte in avanti, indietro, verso l'alto, verso il basso o in diagonale (possono essere invertite).
- Le parole possono sovrapporsi o intersecarsi.

2) APPRENDIMENTO ATTIVO

Accanto ad ogni parola c'è uno spazio per scrivere la traduzione. Per incoraggiare l'apprendimento attivo, un **DIZIONARIO** alla fine di questa edizione vi permetterà di controllare e ampliare le vostre conoscenze. Cerca e scrivi le traduzioni, trovale nel puzzle e aggiungile al tuo vocabolario!

3) SEGNARE LE PAROLE

Puoi inventare il tuo sistema di segni. Forse ne usi già uno? Per esempio, puoi segnare le parole difficili da trovare con una croce, le parole preferite con una stella, le parole nuove con un triangolo, le parole rare con un diamante, e così via.

4) STRUTTURARE L'APPRENDIMENTO

Questa edizione offre un **TACCUINO** alla fine del libro. In vacanza, in viaggio o a casa, puoi organizzare facilmente le tue nuove conoscenze senza bisogno di un secondo quaderno!

5) AVETE FINITO TUTTE LE GRIGLIE?

Nelle ultime pagine di questo libro, nella sezione della **SFIDA FINALE**, troverete un gioco gratuito!

Facile e veloce! Dai un'occhiata alla nostra collezione di libri di attività per il tuo prossimo momento di divertimento e **apprendimento,** a portata di clic!

Trova la tua prossima sfida su:

BestActivityBooks.com/MioProssimoLibro

Ai vostri posti, pronti...Via!

Sapevi che ci sono circa 7.000 lingue diverse nel mondo? Le parole sono preziose.

Amiamo le lingue e abbiamo lavorato duramente per creare libri di altissima qualità. I nostri ingredienti?

Una selezione di argomenti adatti all'apprendimento, tre buone porzioni di intrattenimento, una cucchiaiata di parole difficili e una spolverata di parole rare. Li serviamo con amore e entusiasmo in modo che tu possa risolvere i migliori giochi di parole e divertirti imparando!

La vostra opinione è essenziale. Puoi partecipare attivamente al successo di questo libro lasciandoci un commento. Ci piacerebbe sapere cosa ti è piaciuto di più di questa edizione.

Ecco un link veloce alla pagina dell'ordine:

BestBooksActivity.com/Recensione50

Grazie per il vostro aiuto e buon divertimento!

Tutta la squadra

1 - Scacchi

```
D I A G O N A L N O I L I N
N A S P R O T N I K H B G A
U K V W N I Z F M Y U E R T
Č R N A Y A Q J L M U L A E
B A S P P A S I V N O A L Č
K L S R Z Y T Z I G R A E A
D J O A I H R Z R J I C C J
S I H V M V A I H R E Q O G
E C I I Ž R T V O V A T I T
K A R L T W E I K R T O R U
P R V A K D G Z F Z B Č C R
Z J A H T E I P S V T K E N
S H Z L Z V J C Z S D L H I
B G M T J N A M K J A L Z R
```

NASPROTNIK
BELA
PRVAK
NATEČAJ
DIAGONALNO
IGRALEC
IGRA
ČRNA
PASIVNO

TOČK
KRALJ
KRALJICA
PRAVILA
ŽRTVOVATI
IZZIVI
STRATEGIJA
ČAS
TURNIR

2 - Aggettivi #2

```
G V O Z N O R M A L N O D Z
U V P S A S L A V E N D R H
S E I K L N F I P Z F G A L
J R S N Y A I K J D O O M P
P O N O S E N M Č R P V A R
D D O K A V M E I A E O T O
Z O N R S Z I L S V D R I D
U S A E U A V E T Q O E Č U
N T R A H U A G A I B N N K
O O A T A S L A D K O K O T
V J V I M O Č N O B V D L I
O N N V Z H M T M O W F V V
G O I N L A Č N I Y G M Q N
Y J C O M Q Z O V P Q I N O
```

LAČNI	ZANIMIVO
SUHA	NARAVNI
VERODOSTOJNO	NORMALNO
KREATIVNO	NOVO
OPISNO	PONOSEN
SLADKO	PRODUKTIVNO
DRAMATIČNO	ČISTA
ELEGANTNO	ODGOVOREN
SLAVEN	SLAN
MOČNO	ZDRAV

3 - Pesca

```
C T S K U H A T I P K T F V
F E S Č O L N N F H L T M H
I Ž R O N Š K R G E J Z I C
V A B A G E A P Q D U E Q Z
P L A V U T I R L Q K W Y N
J R Y P L L G A A A A R L H
I E S E Z O N A J O Ž L T A
Q K G T Č E L J U S T A L F
S A Ž I C A J D O Z P P O N
O P R E M A E Y M V M Z J H
R O B C H V Z P L O V E A D
I R Y C P U E M E D I N I U
V P R E T I R A V A N J E N
O C E A N U O N H M U H Z W
```

VODA
OPREMA
ČOLN
ŠKRGE
KOŠARA
KUHATI
PRETIRAVANJE
VABA
ŽICA

REKA
KLJUKA
JEZERO
ČELJUST
OCEAN
TEŽA
PLAVUTI
PLAŽA
SEZONA

4 - Aggettivi #1

```
V A W J P H I S K R E N U V
B R R P A O V I W E K F M E
Y W T O N V P T E H S U E L
I S E Č M V A O W Z O K T I
D M L A D A K Y L O T S N K
E Z V S I D T V Q N I P I O
N T R E K O I I A L Č M Š D
T D E N O L V R Č A N O K U
I F D Ž H G N C H N O D A Š
Č L N Q K A O P S I O E T E
N D O B C A V E L I K R A N
O G R O M N O V W P S N N F
A M B I C I O Z E N F O E M
A B S O L U T N O K W Z K K
```

AMBICIOZEN
AROMATIČNO
UMETNIŠKA
ABSOLUTNO
AKTIVNO
OGROMNO
EKSOTIČNO
VELIKODUŠEN
MLAD
VELIK

IDENTIČNO
POČASEN
DOLGA
MODERNO
ISKREN
POPOLN
TEŽKA
VREDNO
TANEK

5 - Geologia

```
L  I  H  F  E  R  O  Z  I  J  A  F  Y  Q
L  A  V  A  O  Z  U  T  K  A  L  C  I  J
I  P  N  T  S  S  Q  F  A  F  G  U  S  K
R  H  I  C  T  T  I  E  M  T  B  T  T  R
M  Z  N  E  T  K  A  L  E  P  Y  L  A  I
T  P  P  L  A  S  T  L  N  G  V  G  L  S
P  H  D  I  Y  V  M  K  A  S  M  E  A  T
O  L  R  N  J  U  I  I  S  K  P  J  G  A
T  G  A  A  O  L  N  S  H  O  T  Z  M  L
R  C  K  T  D  K  E  L  L  R  C  I  I  I
E  J  G  B  O  A  R  I  N  A  C  R  T  G
S  O  L  A  B  N  A  N  Q  L  T  A  I  S
K  R  E  M  E  N  L  A  E  E  C  P  T  R
I  D  D  Z  U  T  I  V  O  T  L  I  N  A
```

KISLINA	LAVA
PLATO	MINERALI
KALCIJ	KAMEN
VOTLINA	KREMEN
CELINA	SOL
KORALE	STALAGMITI
KRISTALI	STALAKTIT
EROZIJA	PLAST
FOSIL	POTRES
GEJZIR	VULKAN

6 - Campeggio

```
A Y V G Z W U O E D B Z A P
Z N I O E K D G A E U L H U
Y R S Z M B O V K A N U U S
P Z E D L L K G R G R M I T
S I Č N J U H O I V T K I O
Y E A P E N K R M P C P G L
Y D M J V A A A Z P I C D O
G C R E I B B R B G A P R V
G Q E Z D Ž I V A L I S E Š
C D Ž E T I N J W V E T V Č
Z K A R J Y A J H H A I E I
L K L O B U K P O Ž A R S N
L O V Z A B A V N O A D A A
Š O T O R C Ž U Ž E L K E V
```

DREVESA   ZABAVNO
VISEČA MREŽA   GOZD
ŽIVALI   POŽAR
PUSTOLOVŠČINA   ŽUŽELKE
KOMPAS   JEZERO
KABINA   LUNA
LOV   ZEMLJEVID
KANU   GORA
KLOBUK   NARAVA
VRV   ŠOTOR

7 - Arti Visive

```
S  L  I  K  A  I  E  T  M  G  F  C  K  B
V  O  P  L  A  K  Z  S  H  L  F  I  C  G
I  G  O  U  O  V  T  G  Z  I  U  Z  L  N
N  L  R  W  Q  J  N  N  O  N  E  G  T  M
Č  J  T  F  O  T  O  G  R  A  F  I  J  A
N  E  R  P  E  R  S  P  E  K  T  I  V  A
I  U  E  H  Y  C  R  F  H  U  E  W  U  U
K  M  T  S  S  Z  F  B  J  R  C  D  V  L
K  E  S  K  U  L  P  T  U  R  A  T  D  Y
R  T  V  O  S  E  K  E  R  A  M  I  K  A
E  N  P  M  O  J  S  T  R  O  V  I  N  A
D  I  S  E  S  T  A  V  A  L  I  C  H  C
A  K  S  S  N  S  T  O  J  A  L  O  D  B
A  R  H  I  T  E  K  T  U  R  A  K  Y  F
```

ARHITEKTURA
GLINA
UMETNIK
MOJSTROVINA
OGLJE
STOJALO
VOSEK
KERAMIKA
SESTAVA
FILM

FOTOGRAFIJA
KREDA
SVINČNIK
PEN
SLIKA
PERSPEKTIVA
PORTRET
SKULPTURA
LAK

8 - Esplorazione

```
H D H Z V P G L R H S Q N M
E D Q J T O D K R I T J E I
A B F S J G Y H H A W N V Z
K N O E O U B Z N P A Q A Č
T N O V D M M J W W H D R R
I E K U L T U R E Y P I N P
V Z R B O Ž I V A L I V O A
N N M E Č G O E Z C J J S N
O A O H N E V A R N O I T J
S N F K O O Q U O J R P I E
T O V V S F V I I T E H A N
W V O R T L S O D S E Z B G
V Z N E M I R J E N J E I Y
F H D M Y D P R O S T O R K
```

ŽIVALI	NOVO
AKTIVNOST	NEVARNOSTI
POGUM	NEVARNO
KULTURE	NEZNANO
ODLOČNOST	ODKRITJE
VZNEMIRJENJE	DIVJI
IZČRPANJE	PROSTOR
JEZIK	TEREN

9 - Tempo

```
C D K S R D B M C Y M C H B
O A M A D S V D M I N U T A
D N A J S G P R A J O M U M
A E L V Č E R A J P Č C R E
N S U T R E N U T E K V A S
D E S E T L E T J E L Y D E
A V T E D E N K A O A E I C
P Y O W F K O K G G W V T N
E C L P R I H O D N O S T O
P R E D B R F L J L U E W R
N O T N Y Q U E U E P V H P
N Q J R S A S D T T E R C S
V P E C R N H A R N H T I L
O P O L D N E R O I R S B P
```

LETO   OPOLDNE
LETNI   MINUTA
KOLEDAR   TRENUTEK
DESETLETJE   NOČ
PO   DANES
PRIHODNOST   URA
DAN   KMALU
VČERAJ   PRED
JUTRO   STOLETJE
MESEC   TEDEN

10 - Astronomia

```
G A L A K S I J A C V J Z F
B P B E A S T E R O I D E F
K L U N A A N G E Y Q T M R
O A S A A S Q E N K L U L G
Z N E K S T U K B Y V L J M
M E V O T R K P M O G J A E
O T A N R O Z V E Z D J E G
S S N O O N G T R B M E L
Y J J Č N A C N E Q N B M I
H S E J O V H R O K Y O L C
K J L E M T U O R K B N V A
O H G G R A V I T A C I J A
O B S E R V A T O R I J P I
R A K E T A T E L E S K O P
```

ASTEROID	METEOR
ASTRONAVT	MEGLICA
ASTRONOM	OBSERVATORIJ
NEBO	PLANET
KOZMOS	SEVANJE
OZVEZDJE	RAKETA
ENAKONOČJE	SUPERNOVA
GALAKSIJA	TELESKOP
GRAVITACIJA	ZEMLJA
LUNA	

11 - Circo

```
S M R S L U M I Š I B S U P
L A T R I K U S O L B P M N
A G B T Z K O S T U M E Č V
D I Ž I V A L I O T C K A A
K J Ž G O W E O R F C T R K
A A O E Z K V P V Y B A O R
R Y N R O I I L N A K V O
I O G N V R F C P V L U N B
J V L O N J E A A Y O L I A
E Y E J I V A F R S N A K T
U H R U C D G D A L I R L G
G L E D A L E C D O A N U E
L D D G L A S B A N R O N A
P N T L C C P I Q T M O V R
```

AKROBAT
ŽIVALI
VOZOVNICA
SLADKARIJE
KLOVN
KOSTUM
SLON
ŽONGLER
LEV
MAGIJA

ČAROVNIK
GLASBA
BALONI
PARADA
OPICA
SPEKTAKULARNO
GLEDALEC
ŠOTOR
TIGER
TRIK

12 - Mitologia

```
P G U B K A T A S T R O F A
V W U S O A N M O Č K P L L
U B H Y T Ž Y U K H I O E K
M A Š Č E V A N J E B Š G L
S M R T N I A N B U O A E J
V E D E N J E R S V J S N U
L A B I R I N T J T E T D B
K K D G R A N C H A V K A O
Y U I K R G Y K J U N A K S
U L G R P O A B Z G I J T U
S T R E L E M I W I K R E M
Y U N E S M R T N O S T W J
A R H E T I P J J J M G E E
Č A R O B N O E Q N L E J F
```

ARHETIP	LJUBOSUMJE
VEDENJE	BOJEVNIK
BITJE	NESMRTNOST
USTVARJANJE	LABIRINT
KULTURA	LEGENDA
KATASTROFA	ČAROBNO
BOŽANSTVA	SMRTNI
JUNAK	POŠAST
MOČ	GROM
STRELE	MAŠČEVANJE

13 - Piante

```
J D J A G O D I Č J E O C T
G O Z D R N V Z K M S W V Y
R V W W M U O I J I O I E W
V M G E N P M J Y W F C T Q
B A M B U S O Z I C C V N U
Z H V Z S Y J V J L Y E I A
T B R Š L J A N L Q O T L R
F J T I S A H F F I O L I A
D L B O T A N I K A S B S S
R H O L Q J D Ž O R P T T T
E I Y R V M A O R K Q S J I
V H Z S A H D L E D H J T E
O K A K T U S R N T R A V A
V E G E T A C I J A W U G F
```

DREVO	GNOJILO
JAGODIČJE	CVET
BAMBUS	FLORA
BOTANIKA	LISTJE
KAKTUS	GOZD
GRM	VRT
RASTI	MAH
BRŠLJAN	CVETNI LIST
TRAVA	KOREN
FIŽOL	VEGETACIJA

14 - Spezie

```
C M M Q B Q O P A Z M B F K
U K S D U O J K K K H F Y U
R M L Q H K Y E U A N C B R
R V A N I L I J A S G D K K
Y P D Q N U S G R E N K O U
I A K Ž A F R A N K J A R M
N P O P E R R P F O A R O A
G R K K Q Č Y T V R N D M K
V I C I M E T B R I E A A Z
E K R S M S Y K T A Ž M Č M
R A A L M E M E K N W O Q G
E Q T O M N S O L D F M L J
K U M I N A V G Č E B U L A
H W D Q P C E Q R R K V U B
```

KISLO	CURRY
ČESEN	SLADKO
GRENKO	KOROMAČ
JANEŽ	OKUS
CIMET	PAPRIKA
KARDAMOM	POPER
ČEBULA	SOL
KORIANDER	VANILIJA
KUMINA	ŽAFRAN
KURKUMA	INGVER

15 - Numeri

```
Š  A  C  H  J  R  G  C  H  U  V  K  D  Y
Š  E  D  V  A  N  A  J  S  T  Q  M  A  F
T  T  S  Š  T  I  R  I  N  A  J  S  T  F
I  C  E  T  D  E  C  I  M  A  L  N  O  J
R  T  D  O  N  E  D  V  A  J  S  E  T  T
I  N  E  M  I  A  V  Š  U  Y  I  A  N  R
E  I  M  P  Č  K  J  E  J  P  P  E  M  I
O  S  E  M  N  A  J  S  T  D  E  V  E  T
O  B  K  I  Q  U  M  T  T  N  E  C  M  T
S  E  D  E  M  N  A  J  S  T  A  S  A  E
E  D  V  T  R  I  N  A  J  S  T  J  E  B
M  R  A  P  E  T  N  A  J  S  T  A  S  T
O  W  L  R  T  G  D  F  H  L  H  W  M  T
C  E  Q  H  O  U  P  E  T  V  U  M  T  J
```

PET	ŠTIRINAJST
DECIMALNO	ŠTIRI
DEVETNAJST	PETNAJST
SEDEMNAJST	ŠESTNAJST
OSEMNAJST	ŠEST
DESET	SEDEM
DVANAJST	TRI
DVA	TRINAJST
DEVET	DVAJSET
OSEM	NIČ

16 - Cioccolato

```
A S K Q C J A A H I Z K N S
R L A C A J P R A H F A N E
A A K N K T I O M B J L A S
Š D O D K P O M U W E O N T
I K V C D A G A V E S R T A
D O O Y U I R A D D T I I V
I R S K Q I E A G F I J O I
C I T W O G N O M R B A K N
K C A C A O K K Y E S Y S A
T O Q F U P O U V C L U I F
K L K I Y Y M S O E A A D T
E K S O T I Č N O P D C A J
K B I K S Q E L D T K B N J
O D L I Č N O Q V M O C T U
```

GRENKO
ANTIOKSIDANT
ARAŠIDI
AROMA
CACAO
KALORIJ
KARAMELA
ODLIČNO
SLADKO

EKSOTIČNO
OKUS
SESTAVINA
JESTI
KOKOS
PRAH
KAKOVOST
RECEPT
SLADKOR

17 - Guida

```
H T W M Z I A Q G Y B I G L
I I P O E G V V G I M L A I
T T O T M V M O T O R K R C
R P L O L P R H Z O U M A E
O R I C J R P E I E B E Ž N
S O C I E E E J A C N U A C
T M I K V V Š E V C E C S A
C E J E I O E I T T V S Z Q
T T A L D Z C K O V A Z T Z
G U V A R N O S T A R A I A
M M N E S R E Č A P N V M D
H W E E G W E G C L O O Q M
L G Z I L R T H O I S R F S
G O R I V O E K E N T E G A
```

AVTO
AVTOBUS
GORIVO
ZAVORE
GARAŽA
PLIN
NESREČA
LICENCA
ZEMLJEVID
MOTOCIKEL

MOTOR
PEŠEC
NEVARNOST
POLICIJA
VARNOST
CESTA
PROMET
PREVOZ
TUNEL
HITROST

18 - Sport

```
B P S K E W V I Z C H P S A
A M J T B B F Z O R H R F F
O H I E A J O M Z G C V W P
E B V N S D G A H O K E J V
E G O I E P I G N L O N G Š
S O Z S B V M O E F L S O P
H O Y K A H N V N J O T C O
O Q D N L Z A A T P P V E R
I R W N L M S L Q Q O O K T
U G E Z I I T E Q W E W I N
N K R E Y K I C K V C Z P I
M F V A J E K O Š A R K A K
T R E N E R A G I B A N J E
I G R A L E C O B Y P P O C
```

TRENER
SODNIK
ŠPORTNIK
BASEBALL
KOŠARKA
KOLO
PRVENSTVO
GIMNASTIKA
IGRALEC

IGRA
GOLF
HOKEJ
GIBANJE
EKIPA
STADION
TENIS
ZMAGOVALEC

19 - Giocattoli

```
S  R  T  R  D  J  P  M  K  Q  R  P  B  H
L  H  A  G  B  M  Z  L  S  F  I  B  O  L
L  E  T  A  L  O  U  V  H  E  I  G  B  K
Ž  K  I  T  E  N  N  L  C  D  G  Č  N  G
R  O  O  Q  G  A  N  W  K  O  L  O  I  R
V  O  G  K  N  J  I  G  E  M  I  L  G  O
M  L  B  A  B  L  U  B  B  I  N  N  R  B
Q  F  A  O  N  J  G  A  S  Š  A  H  E  R
H  B  V  K  T  U  A  R  V  L  R  F  A  T
D  Q  T  C  T  B  N  V  H  J  N  H  L  I
C  U  O  M  J  Š  K  E  Q  I  Z  P  P  B
D  L  D  W  P  I  A  L  A  J  G  A  Y  M
L  U  T  K  A  Z  L  J  G  A  J  L  I  H
T  O  V  O  R  N  J  A  K  P  W  Y  Q  N
```

LETALO	IGRE
KITE	DOMIŠLJIJA
GLINA	KNJIGE
OBRTI	ŽOGA
AVTO	NAJLJUBŠI
LUTKA	UGANKA
ČOLN	ROBOT
BOBNI	ŠAH
KOLO	VLAK
TOVORNJAK	BARVE

20 - Uccelli

```
Q T G B V Š T O R K L J A R
W U V Y N U L P V K N C O V
V K P E L I K A N N M O A Q
R A C A W V P P V L T Q J M
A N G V Z C J I N F K Y Q I
B S O K O L A G N L A B O D
E I L N M J A L G R P N C
C I O P T T C B Q T V O V U
P Z B J Y T E O R E L I R B
A A Č A P L J A T M B C N T
T W V T F L A M I N G O A G
P I Š Č A N E C Q T H R J O
U Y F Y G K U K A V I C A S
N T S C I E G A L E B W V V
```

ČAPLJA
RACA
OREL
ŠTORKLJA
LABOD
KUKAVICA
SOKOL
FLAMINGO
GALEB
GOS

PAPIGA
VRABEC
PAV
PELIKAN
GOLOB
PINGVIN
PIŠČANEC
NOJ
TUKAN
JAJCE

21 - Giorni e Mesi

```
P  S  H  J  Z  A  E  L  P  E  T  E  K  S
O  W  E  U  C  U  N  S  E  U  E  D  M  R
N  J  A  N  U  A  R  O  O  T  D  E  A  E
E  U  T  I  I  T  T  B  V  S  O  C  A  D
D  A  H  J  V  C  S  O  T  E  D  E  N  A
E  Y  A  V  G  U  S  T  O  P  M  M  Z  M
L  M  E  S  E  C  N  A  R  T  L  B  U  A
J  U  L  I  J  A  E  Y  E  E  V  E  E  E
E  N  E  D  E  L  J  A  K  M  K  R  E  R
K  O  L  E  D  A  R  F  E  B  R  U  A  R
I  H  B  E  G  J  P  F  H  E  J  T  Y  W
D  O  K  T  O  B  E  R  Y  R  V  O  Q  G
V  V  Q  D  B  L  V  D  I  M  O  N  K  G
G  K  G  Y  M  E  V  L  P  L  L  O  P  N
```

AVGUST
LETO
APRIL
KOLEDAR
DECEMBER
NEDELJA
FEBRUAR
JANUAR
JUNIJ
JULIJ

PONEDELJEK
TOREK
SREDA
MESEC
NOVEMBER
OKTOBER
SOBOTA
SEPTEMBER
TEDEN
PETEK

22 - Casa

```
K P N R C O G L E D A L O C
N E O I O K A M I N U P G T
S U G D T N P I P A W R A L
C M R D S O T A F Q C E R A
D T A G I T E U C A B P A L
B C J B H S R J Š O F R Ž D
C U A Q C O T E A R P O A W
V R T Z G B G R Š V K G S S
D B Y V R A T A O J M A T M
K N J I Ž N I C A P E T R Z
S V E T I L K A Z D T M E M
K U H I N J A J I L L H H N
R O R R G L A V D Q A A A A
H H N O D O R M E O V A D T
```

PODSTREŠJE	ZID
KNJIŽNICA	TLA
SOBA	VRATA
KAMIN	OGRAJA
KUHINJA	PIPA
TUŠ	METLA
OKNO	STROP
GARAŽA	OGLEDALO
VRT	PREPROGA
SVETILKA	STREHA

23 - Ristorante #1

```
S E S T A V I N E R A A R B
K M L P M Y H Q Z R P L H L
L O E G O V E R O S I E J A
E B V W P Y S E A C Š R F G
D I I B P U S Z A N Č G A A
A U I V D K C E B P A I S J
O M A K A U I R G L N J L N
C R E E Q H K V A O E A A I
N D T S D I R A A Š C K D K
O W C B O N U C V Č Q H I T
Ž M E N I J H I E A N C C D
W S J N L A N J E S T I A R
M K G G N A T A K A R I C A
Z A Č I N J E N Q K O E E U
```

ALERGIJA
KAVA
NATAKARICA
MESO
BLAGAJNIK
HRANA
SKLEDA
NOŽ
KUHINJA
SLADICA

SESTAVINE
JESTI
MENI
KRUH
PLOŠČA
ZAČINJEN
PIŠČANEC
REZERVACIJA
OMAKA

24 - Fantascienza

```
E K S T R E M N O Z E G F F
H A I R O B O T I U K P U A
Q L M N V T N P M M S L T N
B L A D O Q J Q W T P S U T
G A L A K S I J A O L V R A
I M A G I N A R N O O E I S
P T T T K R I N K C Z T S T
O V O O H E T L I M I Y T I
Ž R M P R W E L U Y J T I Č
A D S P L A N E T Z A M Č N
R I K N J I G E E F I C N O
P D I S T O P I J A H J O F
R E A L I S T I Č E N Y A E
O C E Y Q O R A K E L J K M
```

ATOMSKI   ILUZIJA
KINO   IMAGINARNO
DISTOPIJA   KNJIGE
EKSPLOZIJA   SVET
EKSTREMNO   ORAKELJ
FANTASTIČNO   PLANET
POŽAR   REALISTIČEN
FUTURISTIČNO   ROBOTI
GALAKSIJA

25 - Città

```
S Q B C Y I S K L I N I K A
U B C E U P V I Q E N P C Z
P H M R P N U N D N I V V K
E D T S S I O T M Y P E S
R F T B Z T L V F K S H T K
M U Z E J A E G E W Š O L A
A B G C P D K E R R T Y I H
R T A O S I A M D F Z K Č L
K J L N B O R V O C T A A A
E T E Y K N N G D T B R R H
T H R M E A A A I B O V G O
M G I K N J I G A R N A C T
K N J I Ž N I C A N I H C E
I Q A P E K A R N A R P U L
```

BANKA
KNJIŽNICA
KINO
KLINIKA
LEKARNA
CVETLIČAR
GALERIJA
HOTEL

KNJIGARNA
TRG
MUZEJ
PEKARNA
ŠOLA
STADION
SUPERMARKET
UNIVERZA

26 - Virtù #1

```
R N E O D V I S N A V U U Y
G A G C S U M E T N I Š K A
N M D M K K S M E Š N O S B
M K O O Q Z R D U S V D I K
E U B D V D B O L P U L P S
Z L R E O E O R M Z Č O R T
M A O R K I D C F E I Č A R
C K N Č I S T E H O N I K A
I K I E E W Y V N C K L T S
D R Y R S E I S Q O O E I T
T A E G T L U W F Q V N Č E
A C Y Q W O J B C W I J N N
G V G G V D B I Z J T R O Z
O Č A R L J I V V W O C C J
```

OČARLJIV	SMEŠNO
ZANESLJIV	UČINKOVITO
STRASTEN	NEODVISNA
UMETNIŠKA	SKROMEN
DOBRO	PRAKTIČNO
RADOVEDEN	ČIST
ODLOČILEN	MODER

27 - Compleanno

```
S  B  G  E  V  Z  U  F  B  R  C  T  J  K
V  J  I  Y  A  E  A  V  A  B  I  L  A  O
E  D  S  G  P  U  S  B  G  N  F  E  Q  L
Č  U  R  N  R  K  V  E  A  T  K  T  M  E
E  Z  O  Č  A  S  E  Y  L  V  Q  O  B  D
S  Y  J  P  Z  L  S  Y  N  O  N  C  B  A
Z  P  E  O  N  M  E  D  A  N  K  O  V  R
Q  E  N  S  O  O  L  T  O  R  T  A  N  F
S  S  T  E  V  D  K  A  R  T  E  L  I  D
U  E  O  B  A  R  H  U  D  A  R  I  L  O
P  M  G  E  N  O  A  G  B  Z  O  D  H  E
E  T  K  N  J  S  I  J  Y  C  A  R  F  T
R  U  N  Z  E  T  V  B  A  B  J  Y  B  W
P  R  I  J  A  T  E  L  J  I  G  L  S  N
```

PRIJATELJI   DAN
LETO   MLAD
KOLEDAR   SUPER
SVEČE   VABILA
PESEM   ROJEN
KARTE   DARILO
PRAZNOVANJE   MODROST
ZABAVNO   POSEBEN
VESEL   ČAS
VESELO   TORTA

28 - Fattoria #1

```
H M N E M R M B P I V D V T
W A N C R Č U S K R A V A F
H Č C C S E M E N A A Q S A
A K J M Q B S L P T O Š S J
C A T D B E J H P E H K I Z
G N O J I L O A W L P F P Č
P P E M A A K A T E E N E P
U I O N M R O W N A S I W T
Z Š C L F Q N M K U T O N Z
P Č I P S H J T Z G S B I U
O A M Y K M E T I J S T V O
L N E H O G R A J A E G O S
J E D W Z P T I U V N E D E
E C V D A T W U Ž G O B A L
```

VODA	MAČKA
KMETIJSTVO	JATA
ČEBELA	PRAŠIČ
OSEL	MED
POLJE	KRAVA
PES	PIŠČANEC
KOZA	OGRAJA
KONJ	RIŽ
GNOJILO	SEMENA
SENO	TELE

29 - Paesaggi

```
A L U H M T G J E G U L V H
A V O G G E J Z I R O T B F
L E D E N I K D M G H R I B
K S N K N E Q V O O C E A N
T U N D R A F W O L R K I M
L E D E N A G O R A I A Z O
P K W I S L A P D O P N V Č
O L J Q O A Z A S T U D A V
L B A J E Z E R O O Š M V I
O T Y Ž N A G K E K Č O U R
T V F R A E E J O W A R L J
O I J S A H Y O C M V J K E
K N D Q Z B C G F G A E A D
J A M A Y S O Q L D R K N D
```

SLAP	MORJE
HRIB	GORA
PUŠČAVA	OAZA
REKA	OCEAN
GEJZIR	MOČVIRJE
LEDENIK	POLOTOK
JAMA	PLAŽA
LEDENA GORA	TUNDRA
OTOK	DOLINA
JEZERO	VULKAN

30 - Ristorante #2

```
F A E I L Ž V V K O S I L O
S O L E D L O E I E B W Z O
M Z F F R I D O Č L T B S D
Z E Z O N C A D V E I U E L
A L B B N A T A K A R C E I
Č E H W N A S I S A D J E Č
I N F O S G P O T O R T A N
M J W P V G V P I O I H S O
B A J I J A J C A S B S E O
E V J J U L B N Q L E A A C
Q A G A H S S J L H Q Z Y W
L P K Č A T A T S O L A T A
R P O A W V V G O Y E A D V
P R E D J E D D K L G Z N W
```

VODA	SOLATA
PREDJED	JUHA
PIJAČA	RIBE
NATAKAR	KOSILO
VEČERJA	SOL
ŽLICA	STOL
ODLIČNO	ZAČIMBE
VILICE	TORTA
SADJE	JAJCA
LED	ZELENJAVA

31 - Giardino

```
T V A B P K J G N C V S W T
R A E B P L V O C A S T E R
T R A M P O L I N V K P R A
V G P M Y P G J I M E T Z T
T I R I B N I K T Y S T Z A
R B S A E T E V E R A N D A
A E T E B V R T U G D R R E
V J W B Č L P E U R O L E P
A V A G D A J C E V V Y V L
O G R A J A M E V Q N T O E
G D L R R K Y R Z L J W L V
R F C A H V E T E R A S A E
M Z M Ž C H C Y J Ž K P O L
Y P Y A L O P A T A A E H T
```

DREVO
VISEČA MREŽA
GRM
TRAVA
PLEVEL
CVET
SADOVNJAK
GARAŽA
VRT
LOPATA

KLOP
VERANDA
TRATA
GRABLJE
OGRAJA
RIBNIK
PRST
TERASA
TRAMPOLIN
CEV

32 - Frutta

```
J M S A N G E C P M O T L F
B A S L P A P A J A G G I B
V N G T I P G B A R Č S M A
H G G O G V Y G B E E O N
R O B I D A A L O L Š R N A
K I V I Q I M A L I N A A N
M E L O N A Č Q K C J N A A
H R U Š K A H J O A A Ž V S
N E K T A R I N E S R N O Z
T F T N H L B A N A N A K R
B R E S K E V K G A J S A T
G R O Z D J E K J I V K D M
O J Z Y P G H C O R O J O J
T E E W J Q J U N E H G I S
```

MARELICA	MANGO
ANANAS	JABOLKO
ORANŽNA	MELONA
AVOKADO	ROBIDA
JAGODIČJE	NEKTARIN
BANANA	PAPAJA
ČEŠNJA	HRUŠKA
KIVI	BRESKEV
MALINA	SLIVA
LIMONA	GROZDJE

33 - Fattoria #2

```
K M E T E Y W D C G S E V S
O I T O T P Y M L S O Y B B
R U H P B I K L Z A J S J D
U L S L H K P E S D A K I K
Z T R A V N I K P O G E T N
A B K M D O N O J V N D R A
A E Ž A G J V H P N J E A M
U K I M F F E C Š J E N K A
U E V N A P U P E A T J T K
C I A H R A N A N K I E O A
I P L F A N H S I A N Č R N
Z U I G C J H T C T A M D J
Y K Q R A E F I A T E E O E
A D U T F T D R Y K R N A G
```

JAGNJETINA	NAMAKANJE
KMET	LAMA
PANJ	MLEKO
RACA	KORUZA
ŽIVALI	GOSI
HRANA	JEČMEN
SKEDENJ	PASTIR
SADJE	OVCE
SADOVNJAK	TRAVNIK
PŠENICA	TRAKTOR

34 - Dinosauri

```
R E P U K R I L A F R P V G
P L A Z I L E C F C A R R D
I T P F O S I L I H S A S I
E Z E L J T G D V Y T Z T H
G G G M E S O J E D L G E L
E D C I J N C N L N I O O R
D V E V N T Y K I J N D G Y
L S O E K O T R K G O O R U
Z E M L J A T R E W J V O E
L J D I U T M J A F E I M M
O E W K T C W C E W D N N O
B D O O Y S I U E H S E O Č
N E P S V A L J M A M U T A
I C R T A I K R A P T O R N
```

KRILA
MESOJED
REP
OGROMNO
RASTLINOJED
EVOLUCIJA
FOSILI
VELIK
MAMUT
VSEJEDEC

MOČAN
PLEN
PRAZGODOVINE
RAPTOR
PLAZILEC
IZGINOTJE
VRSTE
VELIKOST
ZEMLJA
ZLOBNI

35 - Verdure

```
G K Q L Q Š A L O T K A P Y
M R U Y K P R E D K E V E I
A O A K O I T B D O I S T J
S M Y H R N I N Q R M P E J
H P J N E A Č E S E N A R A
U I Y W N Č O L A P U R Š J
H R H T J A K U M A R A I Č
I N G V E R A M C Č R D L E
B U Č E Z B S D B E Q I J V
C A L Q N E O S W B T Ž N E
L B R O K O L I J U G N B C
P G V S I U A E I L O I R C
P T N R W L T W N A B K S C
Y G P O T S A K E A A Q E K
```

ČESEN
BROKOLI
ARTIČOKA
KORENJE
KUMARA
ČEBULA
GOBA
SOLATA
JAJČEVEC
KROMPIR

GRAH
PARADIŽNIK
PETERŠILJ
REPA
REDKEV
ŠALOTKA
ZELENA
ŠPINAČA
INGVER
BUČE

36 - Scuola #2

```
D K F Š B R A N J E R S L H
J I O K M A T E M A T I K A
D P A A O S L O V N I C A K
L V L R U U Y K N J I G E A
U I C J J E D O C L W D R D
Č C T E U O S L O V A R S E
I W T E P Z S E N K V H V M
T O M O R U N D V M T M I S
E W N C O A L A V F O H N K
L P A P I R T R N Q B A Č I
J Č E V L J I U Z O U N N P
W C P W Z H W M R L S Q I D
K N J I Ž N I C A A K T K T
I Z O B R A Ž E V A N J E Y
```

AKADEMSKI
AVTOBUS
KNJIŽNICA
KOLEDAR
PAPIR
SLOVAR
IZOBRAŽEVANJE
ŠKARJE
IGRE

SLOVNICA
UČITELJ
LITERATURA
BRANJE
KNJIGE
MATEMATIKA
SVINČNIK
ČEVLJI
ZNANOST

37 - Barbecue

```
O J Y P O P E R V H U B G G
M Q L A K O T A Z K G F L B
A P S R R S V A B I L O A O
K I W A L D R U Ž I N A S N
A Š Y D D V O P O Y Y N B Č
N Č K I Y J Č H O B T L A E
E A L Ž A R E M G L C A S B
F N K N S O L A T E E L O U
A E A I D H R A N A L T L L
D C H K O S I L O O L L J A
J K O S Z Z V I A O Ž J L E
J H S O Q A O G Q T H I P C
V E Č E R J A R C V P V O N
M E B E M N J E Z S D U V G
```

VROČE	ŽAR
VEČERJA	SOLATE
HRANA	VABILO
ČEBULA	GLASBA
NOŽI	POPER
POLETJE	PIŠČANEC
LAKOTA	PARADIŽNIK
DRUŽINA	KOSILO
SADJE	SOL
IGRE	OMAKA

38 - Riempire

```
K H Ž Q R K B T N Q F Q D P
B A Z E N C B U A T I Z V L
K W A G P T W H W E Y M A A
Q C B D R W N U E T Z C Z D
H E O C E P A K E T E P A E
K U J Q D O V O J N I C A N
J I Š K A T L A T K B P G J
M A P A L V E D R O M L L C
T R L T F V K I W V Q O C O
K O Š A R A U G U Č O V W S
S V R B S T E K L E N I C A
A C I B S O D A D K Z L C W
A U E N A R O D P M P O P Y
Q K H V G M Q E E Z Q P D C
```

BAZEN
SOD
TORBA
STEKLENICA
OVOJNICA
MAPA
ZABOJ
PREDAL
KOŠARA
PLOVILO

PAKET
ŠKATLA
VEDRO
ŽEP
CEV
KOVČEK
KAD
VAZA
PLADENJ

39 - Insetti

```
M S B K L Q V J E V M I Q T
A G G O O I U Q K R E D P Y
N N I M S B Č G J O T Č E M
T A N A Y Y I I Š Č U R E K
I T E R M I T L N L L V B A
S P Q M A L G Q I K J A Š J
I D B S O A W P I C A E K S
B O L H A L M H E A A L R R
B O S A G C J S E Z O L Ž Š
P I K A P O L O N I C A A E
N B H R O Š Č R T O Z Q T N
L I S T N A U Š Č E B E L A
J Z F M E Q M R A V L J A G
K A Č J I P A S T I R T V N
```

LISTNA UŠ
ČEBELA
SRŠEN
KOBILICA
ŠKRŽAT
PIKAPOLONICA
HROŠČ
MOLJ
METULJ
MRAVLJA

LIČINKA
KAČJI PASTIR
MANTIS
GNAT
BOLHA
ŠČUREK
TERMIT
ČRV
OSA
KOMAR

40 - Erboristeria

```
E Ž P O O A P K Z P K V Q K
G A T R Z O E A A E U R L O
S F Z I Z A H K R T L T S P
E R J G W Z T O L E I E R E
S A A A V K R V P R N S N R
T N R N Č M A O S Š A Y W A
A I O O O E N S V I R M B F
V C M U M T S T K L I B D N
I V A I A A I E Z J K L U E
N E T Y J T E L N V A E M B
A T I M A A B A Z I L I K A
P P Č P R M N S S I V K A C
D D N K O R O M A Č H V L T
H A O K N R O Ž M A R I N K
```

ČESEN
KOPER
AROMATIČNO
BAZILIKA
KULINARIKA
PEHTRAN
KOROMAČ
CVET
VRT
SESTAVINA

SIVKA
MAJARON
META
ORIGANO
PETERŠILJ
KAKOVOST
ROŽMARIN
TIMIJAN
ZELENA
ŽAFRAN

41 - Danza

```
Č A K O R E O G R A F I J A
U K K W E V V A J A E Z Y G
S A U I V I U B L V Z T R F
T D L V I Z U A L N O E S P
V E T U D R Ž A P R F L V A
O M U K L A S I Č N A O E R
R I R J Y Z U M E T N O S T
S J A S Q N Z I A O Q E E N
H A A Y O O G L A S B A L E
T R A D I C I O N A L N O R
Q G I E D B A S E D S P L P
D Y E T Q E I T B J K N N B
Y Z T W E Z A G I B A N J E
Y V W I U M K U L T U R N I
```

AKADEMIJA
UMETNOST
KLASIČNA
PARTNER
KOREOGRAFIJA
TELO
KULTURA
KULTURNI
ČUSTVO
IZRAZNO

VESELO
MILOST
GIBANJE
GLASBA
DRŽA
VAJA
RITEM
TRADICIONALNO
VIZUALNO

42 - Commedia

```
N K T D G R Z G V P O I P G
W H E D S H A L K R H M A W
P U L S I O B E L U S P R E
J M E C T N A D O N A R O V
H O V D Z O V A V O T O D K
T R I Š T N N L N B N V I S
C G Z Z A D O I I Č S I J Z
U S I I I L Y Š N I Ž Z A A
I M J Z G Q E Č C N N A Y B
O E A R R R F E S S Q C N V
S Š N A A J A O Q T E I P R
M N M Z L A P L A V Z J G U
E O S N E K W Q K O W A D D
H F L O C O R S Z A I E D Q
```

APLAVZ   IMPROVIZACIJA
IGRALEC   PARODIJA
IGRALKA   OBČINSTVO
KLOVNI   SMEH
SMEŠNO   ŠALE
ZABAVNO   GLEDALIŠČE
IZRAZNO   TELEVIZIJA
ŽANR   HUMOR

43 - Scuola #1

```
U Y S K T K C M V T T F I O
Č N Š Q N N N A T V R T Z D
I O T C A J U J M A P E P G
T Z E U B C I Y I V D A I O
E A V S E V W G Y Ž N L T V
L B I L C Q F E E I N V I O
J A L N E G A J M G U I M R
C V K Y D T W H S T Č A C I
K N E M A T E M A T I K A A
G O Q T M W I S C W L P V Z
Q P S V I N Č N I K N A H A
P P R I J A T E L J I P D O
K V I Z L Y K N F M C I E M
C C T S T O L N S O A R G I
```

ABECEDA
PRIJATELJI
UČILNICA
KNJIŽNICA
PAPIR
MAPE
ZABAVNO
IZPITI
UČITELJ

KNJIGE
MATEMATIKA
SVINČNIK
ŠTEVILKE
KOSILO
KVIZ
ODGOVORI
STOL

44 - Fiori

```
P M A E C E U F B P S A Y D
G V V E V D M N Q O D T U E
J V M R E G R A T T L F K T
A S V R T N I C A O J B O E
S O N Č N I C A C N F Y M L
M P L U I G P M S I V K A J
I L G C L H A A Y K N S K A
N U C Q I I S R T A T A S C
A M A J S B I J D K N H H B
G E I H T I J E Y E U D R T
L R F U T S O T C N N L F K
L I L A E K N I O F R I N U
K A J N L U K C R N O Q J E
A V K A P S A A Š O P E K A
```

REGRAT
GARDENIJA
JASMINA
LIJA
SONČNICA
HIBISKUS
SIVKA
LILA
MARJETICA

ŠOPEK
MAK
PASIJONKA
POTONIKA
CVETNI LIST
PLUMERIA
VRTNICA
DETELJA

45 - Ecologia

```
R F Y D T Y N H M S P T R C
T A H M W J A A O K R I D P
R V Z E T A R B R U E S I U
A N G N S L A I S P Ž V T N
J A L A O N V T K N I C Y E
N C O R Q L A A I O V I R I
O F B A R G I T M S E S P B
S J A V A O W K M T T O P I
T N L N S U Š A O I J R Z L
N H N I T D N R F S E T H J
O W O G L V R M L E T A A D
M O Č V I R J E O V R S T E
C B W I N J W F R B M Q Q H
P O D N E B J E A U R U R V
```

PODNEBJE
SKUPNOSTI
RAZNOLIKOST
FAVNA
FLORA
GLOBALNO
HABITAT
MORSKI
NARAVA

NARAVNI
MOČVIRJE
RASTLINE
VIRI
SUŠA
PREŽIVETJE
TRAJNOSTNO
VRSTE
SORTA

46 - Discipline Scientifiche

```
A Z J L E E U T W S B T B K
K S P Y K K K A L O I E I J
M E T N J L A O U C O R O C
E A M R R I R C L I L M K F
H Y Z I O E H J A O O O E T
A L U N J N E V M L G D M B
N I T Y Z A O S R O I I O
I J B Y I O L M U G J N J T
K L H D D O O O I I A A A A
A H R S D F G C O J P M G N
G E O L O G I J A A A I M I
Z J S Z P I J T P G Y K L K
L Y L Y G H A K W U M A R A
M B N E V R O L O G I J A B
```

ARHEOLOGIJA
ASTRONOMIJA
BIOKEMIJA
BIOLOGIJA
BOTANIKA
KEMIJA

EKOLOGIJA
GEOLOGIJA
MEHANIKA
NEVROLOGIJA
SOCIOLOGIJA
TERMODINAMIKA

47 - Scienza

```
O L M F J B Y F F M K B N F
P A D E J S T V O O V P R I
A B O K T K G K Q D S G F Z
Z O R E R O E H U J C I G I
O R G M Y E D E H E L Y L K
V A A I D C N A R A V A F A
A T N K E L M P O S K U S F
N O I A L E V O L U C I J A
J R Z L C U B D L A T O M O
E I E I I W N A Z E G H N Y
L J M J W W N T V C K F T K
D K T A T P B K A B D U Z J
V C J N W T M I N E R A L I
P O D N E B J E E E S C I E
```

ATOM
KEMIKALIJA
PODNEBJE
PODATKI
POSKUS
EVOLUCIJA
DEJSTVO
FIZIKA
FOSIL

LABORATORIJ
METODA
MINERALI
MOLEKULE
NARAVA
ORGANIZEM
OPAZOVANJE
DELCI

48 - Acqua

```
L O S V S J W P I T N O Q A
K E L Z N G Z S Z K A N A L
I D D L E M M K P C M D J J
I P V W G O R K A N A L E M
M O N S U N Z M R Z K O P Ž
J U K R B U A P E V A C Y U
H H R S V A L O V I N E Y H
G G L U Q A O P A F J A U G
E J W I S C L L N H E N N D
T G E J Z I R A J A B W G W
R R O Z V Z A V E P A R A C
J E O Q E F B A C R P V A O
U A W K H R E K A H W K A N
V L A Ž N O O V L A G A G Z
```

POPLAVA
KANAL
PRHA
IZPAREVANJE
REKA
ZMRZAL
GEJZIR
LED
NAMAKANJE
JEZERO

MONSUN
SNEG
OCEAN
VALOVI
DEŽ
PITNO
VLAGA
VLAŽNO
ORKAN
PARA

49 - Gatti

```
S R A M E Ž L J I V M N B Z
M O M V O O Z A B Y I R E B
G I A B R P V M B E Š A P A
R Q I M S D F J F S D K S O
W S G G W L G G J S K U H D
N D R A D O V E D E N R Q H
Z M I J Z V H U Y N K Y Y I
S S V V K E V I I Z R J M C
T P M O J C U J T L Z F T V
M A A E N I H L E R N O R O
S N L E Š T E M G E O E E Q
T J O D Y N E S P P R E J A
T E Y Y N P O S E B N O S T
M N E O D V I S N A S D C M
```

LOVEC
REP
RADOVEDEN
SMEŠNO
SPANJE
PREJA
IGRIV
NEODVISNA
NORO

KRZNO
OSEBNOST
MALO
DIVJI
SRAMEŽLJIV
MIŠ
HITRO
ŠAPA

50 - Surf

```
Z Y O Y U Š P O R T N I K Ž
V A L V E S L O C Z L R W E
J R Č R C F A M O E L D J L
Y F G E C H Ž E N Y A N P O
O E G M T N A M D O A N E D
T M M E U N Y O O Z Ž W N E
P R V A K V I Č Z H S I A C
C W G J G G Y K E Y L H C Y
H E K S T R E M N O O T W E
Y R S D E E S Y V V G J M B
R E G Z A B A V N O J G A B
U V U G M E H I T R O S T U
H L I S K N T J N R Z B Q I
P R I L J U B L J E N O P C
```

ŠPORTNIK	VESLO
PRVAK	PRILJUBLJENO
ZABAVNO	ZAČETNIK
EKSTREMNO	PENA
MNOŽICE	GREBEN
MOČ	PLAŽA
VREME	SLOG
OCEAN	ŽELODEC
VAL	HITROST

51 - Imbarcazioni

```
U P N M Z J I U V B P G U Y
C A L P O S A D K A N L I U
J C A F M R J J G V L R U D
I Y Y V O M N R L U E O R O
M O T O R E K A L V G M V O
H H V V J V P D R N V J B I
L J E Z E R O P L I M A F G
N A V T I Č N O K U M D S C
Y M K A N U J M A F D R I E
Z B O J A A A B J L A N D R
T O F B W H H R A R N I R U
T R A J E K T Y K Q N C O R
Q W U O C E A N R U H A Y A
S P L A V I B S N R W Z R H
```

JAMBOR
SIDRO
JADRNICA
BOJA
KANU
VRV
POSADKA
REKA
KAJAK
JEZERO

MORJE
PLIMA
MORNAR
MOTOR
NAVTIČNO
OCEAN
VALOVI
TRAJEKT
JAHTA
SPLAV

52 - Api

```
Z H V K C Z I S C R Z E W R
Q T R D D I M A Q A H S Q A
T Z Z A J B E D P S K E Q Z
J Z N C N O C J M T R U H N
V V W V V A H E E L A G O O
Z E Q E O E F K R I L A Y L
J B U T S Q T D S N J K Y I
Q Ž S J E V H N H E I M Z K
H U K E K R L C I O C A H O
S Ž K Z J T R M V P A N J S
M E D L V S O N C E R B G T
A L B H R B H A B I T A T B
Y K K K O R I S T N O N H B
B E S C J E K O S I S T E M
```

KRILA
PANJ
KORISTNO
VOSEK
HRANA
RAZNOLIKOST
EKOSISTEM
CVETJE
CVET
SADJE

DIM
VRT
HABITAT
ŽUŽELKE
MED
RASTLINE
CVETNI PRAH
KRALJICA
ROJ
SONCE

53 - Conservazione

```
Z C Z S V O O C I K E L E I
Q E W I O Q Z O P O H W K Z
G K L F D P M D M R Q N O O
J O T E A C A H R G D F S B
J P K M N W N A R A V N I R
L G D B K A J C G N V P S A
I Z P E O R Š Y Y S P J T Ž
U U P W B W A V G K O F E E
R L O K O L J S K I D L M V
H A B I T A T O R U N Y Y A
S P R E M E M B E E E K S N
R E C I K L I R A J B W E J
D P E S T I C I D B J D L E
T S K R B H C L L O E U U D
```

VODA
OKOLJSKI
SPREMEMBE
CIKEL
PODNEBJE
EKOSISTEM
IZOBRAŽEVANJE
HABITAT

NARAVNI
ORGANSKI
PESTICID
SKRB
RECIKLIRAJ
ZMANJŠAJ
ZDRAVJE
ZELENA

54 - Strumenti Musicali

```
N G T B F A G O T B O B E N
O B O A K J O A R J D V I J
Y B W N Y R Q O O G P I K K
T H M J G T A J M K L M F F
D N P O Y T A M B U R I N E
T M O O F R I N O T V K C K
R O O K L A R I N E T S L E
O F L S A K S O F O N W M V
B L G K M A N D O L I N A I
E A T L A A N R B R T I R O
N V A A Q L G Z O R F N I L
T T M V E Q A H A R F A M I
A A K I T A R A Y H Q T B N
P H W R W B V A Y N F U A A
```

ORGLICE
HARFA
BANJO
KITARA
KLARINET
FAGOT
FLAVTA
GONG
MANDOLINA
MARIMBA

OBOA
TOLKALA
KLAVIR
SAKSOFON
TAMBURIN
BOBEN
TROBENTA
TROMBON
VIOLINA

55 - Professioni #2

```
J E Z I K O S L O V E C T K
I B F O T O G R A F K W O I
Z N I U E H G A S L I K A R
U O Ž O N K T Z U D B B I U
M A B E L U Č I T E L J L R
I F I O N O L S A T N Z U G
T N Q T Z I G K B E L D S P
E F G Z R D R O M K J R T I
L I W K K C R V R T N A R L
J L I C H T T A U I H V A O
N O V I N A R L V V Q N T T
E Z D P K G Y E K N I I O P
Q O G U V I Y C P D I K R V
D F A S T R O N A V T K O O
```

ASTRONAVT   ILUSTRATOR
BIOLOG   INŽENIR
KIRURG   UČITELJ
ZOBOZDRAVNIK   IZUMITELJ
DETEKTIV   JEZIKOSLOVEC
FILOZOF   ZDRAVNIK
FOTOGRAF   PILOT
VRTNAR   SLIKAR
NOVINAR   RAZISKOVALEC

56 - Letteratura

```
A N A L O G I J A N Q U C A
F L Q C P R I M A V T O R A
P G J S I D I A L O G F G K
R A R K S Y M T Ž A N R H H
I G G L Q W W P E S E M F K
M P O E T I Č N O M T E M A
E N Q P I Q C I D D S Z H T
R A E A N E K D O T A L G M
J N V N B O C L Z Z O J O E
A A R U J Z V T F G P U Y G
V L O I Q E M E T A F O R A
A I M B I O G R A F I J A B
A Z A T R A G E D I J A D K
F A N S K Y N M S M A J T M
```

ANALIZA
ANALOGIJA
ANEKDOTA
AVTOR
BIOGRAFIJA
SKLEP
PRIMERJAVA
OPIS
DIALOG
ŽANR

METAFORA
MNENJE
PESEM
POETIČNO
RIMA
RITEM
ROMAN
SLOG
TEMA
TRAGEDIJA

57 - Cibo #2

```
S  K  Z  E  D  R  I  B  E  Z  S  Y  D  P
G  I  U  W  V  S  B  Q  G  E  N  B  E  A
R  V  R  I  I  J  A  B  O  L  K  O  E  R
O  I  H  D  C  I  M  S  B  E  H  F  J  A
Z  I  Ž  Š  U  N  K  A  A  N  R  A  H  D
D  R  S  W  A  P  I  Š  Č  A  N  E  C  I
J  A  J  Č  E  V  E  C  E  Y  J  H  O  Ž
E  N  I  N  U  P  Z  D  Š  T  O  B  H  N
F  B  R  O  K  O  L  I  N  C  G  L  C  I
T  E  A  N  H  V  P  G  J  N  U  O  G  K
P  Š  E  N  I  C  A  J  A  I  R  H  T  D
M  E  B  J  A  J  C  E  J  W  T  O  E  J
K  U  E  L  B  N  V  Z  K  R  U  H  P  B
J  Č  O  K  O  L  A  D  A  U  M  U  H  P
```

BANANA	KRUH
BROKOLI	RIBE
ČEŠNJA	PIŠČANEC
ČOKOLADA	PARADIŽNIK
SIR	ŠUNKA
GOBA	RIŽ
PŠENICA	ZELENA
KIVI	JAJCE
JABOLKO	GROZDJE
JAJČEVEC	JOGURT

58 - Nutrizione

```
Z A Č I M B E B G Q F O B G
K A K O V O S T J N E M E R
J C Z H R A N I L O R A L E
B R D K A L O R I J M K J N
W A R V I T A M I N E A A K
U R A V N O T E Ž E N O K O
I A V G O T V O D U T V O T
C C J T U C P G K E A J V E
U A E E Z D R A V S C J I K
O Ž O Ž Q U E P C J I P N O
F K I A T I B E O T J N E Č
W Q U T G I A T J H A C I I
D P Y S N W V I D I E T A N
V A T H Z A A T T Z F A C E
```

GRENKO
APETIT
URAVNOTEŽENO
KALORIJ
UŽITNA
DIETA
PREBAVA
FERMENTACIJA
OKUS
TEKOČINE

HRANILO
TEŽA
BELJAKOVINE
KAKOVOST
OMAKA
ZDRAVJE
ZDRAV
ZAČIMBE
TOKSIN
VITAMIN

59 - Matematica

```
S O P O L M E R Z V Q A P P
P I B U P B J U U Z R R O R
P R M S T J N L W P U I L A
A S A E E M P O C O C T I V
R M G V T G F M Q R I M G O
A W H T O R B E U E K E O K
L O B O D K I K T D V T N O
E L N W M D O J P N A I Y T
L W A T V S O T A O D K E N
O D E C I M A L N O R A N I
G P L P C Z U I S O A K A K
R H E K S P O N E N T K Č O
A P R E M E R N Y B C M B T
M G E O M E T R I J A C A I
```

KOTI
ARITMETIKA
OBOD
DECIMALNO
PREMER
ENAČBA
EKSPONENT
ULOMEK
GEOMETRIJA
VZPOREDNO

PARALELOGRAM
OBSEG
PRAVOKOTNO
POLIGON
KVADRAT
POLMER
PRAVOKOTNIK
SIMETRIJA
VSOTA

60 - Bagno

```
D U C L M P R E P R O G A O
P N O N E I C L A Y H G G G
C Z S Y H U L V R G C J L L
J J S C U L Z O F F G I O E
S E Y D R N Z D U O Q H S D
R T U Š Č D M A M L L E J A
T H R Q K Š A M P O N W O L
S G P A I K O P E L R R N O
T N S G N P Š K A R J E O E
G R J O O I R R D W R K B S
O P Y B W B Š C P I P A Y N
N G B R I S A Č A W A J A U
T E L A E C F V E U R O C M
I T P U L C F S I K A E B S
```

VODA	PARFUM
BRISAČA	PIPA
KOPEL	MILO
MEHURČKI	ŠAMPON
TUŠ	OGLEDALO
ŠKARJE	GOBA
STRANIŠČE	PREPROGA
LOSJON	PARA

61 - Meditazione

```
Q E S J D R L L O G T H D V
Č C W F F R Z E P L I F C D
U O M I R S Ž Y A A Š P H E
S H M I R E N A Z S I R V W
T O H A S Q S J O B N I A D
V K Č D Y L S A V A A J L C
A I D U M W I S A A G A E O
K F B K T Y O N N M I Z Ž N
D I H A N J E O J P B N N A
H U V S P R E S E G A O O R
D U Š E V N O T A Q N S S A
H B F S P R E J E M J T T V
P O Z O R N O S T L E L P A
P E R S P E K T I V A A I I
```

SPREJEM
POZORNOST
MIREN
JASNOST
SOČUTJE
ČUSTVA
PRIJAZNOST
HVALEŽNOST
DUŠEVNO
UM

GIBANJE
GLASBA
NARAVA
OPAZOVANJE
MIR
MISLI
DRŽA
PERSPEKTIVA
DIHANJE
TIŠINA

62 - Estate

```
S  K  K  Q  M  S  G  J  S  P  L  M  R  T
O  A  S  U  D  V  L  S  P  O  F  Z  P  K
T  M  N  H  H  E  A  P  R  T  S  Z  L  T
Q  P  B  D  R  S  S  O  O  A  D  V  J  P
V  I  D  D  A  E  B  M  S  P  M  E  L  O
T  R  K  J  N  L  A  I  T  L  O  Z  S  T
P  A  P  N  A  J  I  N  I  J  R  D  L  O
R  N  M  L  J  E  G  I  T  A  J  E  U  O
H  J  K  G  A  I  F  G  E  N  E  Y  Y  A
C  E  Z  S  L  Ž  G  R  V  J  V  R  T  N
D  O  P  U  S  T  A  E  Y  E  F  I  O  J
Y  P  R  I  J  A  T  E  L  J  I  B  Q  E
P  R  O  S  T  I  Č  A  S  Q  Z  L  A  P
H  F  B  V  C  J  S  D  R  U  Ž  I  N  A
```

PRIJATELJI	GLASBA
KAMPIRANJE	SPOMINI
HRANA	SPROSTITEV
DRUŽINA	SANDALI
VRT	PLAŽA
IGRE	ZVEZDE
VESELJE	PROSTI ČAS
POTAPLJANJE	DOPUST
KNJIGE	POTOVANJE
MORJE	

63 - Escursionismo

```
N O Z V O D A Y S N W A B Ž
E R E N R Z W Š K O R N J I
V I M A G H U Q A K N Z M V
A E L R W E Q G M B W C T A
R N J A K H Z N N H Z C E L
N T E V N A P I I P A N Ž I
O A V A V I N V Q P A R K I
S C I B B A F V O O B R A J
T I D U Z U N I O D K V S U
I J U T R U J E N N N I Q O
K A M P I R A N J E V I H L
D I V J I G O R A B C N K G
G K L I K O M A R J I U S I
P R I P R A V A A A E T A W S
```

VODA
ŽIVALI
KAMPIRANJE
PODNEBJE
VODNIKI
ZEMLJEVID
GORA
NARAVA
ORIENTACIJA
PARKI

NEVARNOSTI
TEŽKA
KAMNI
PRIPRAVA
DIVJI
SONCE
UTRUJEN
ŠKORNJI
VRH
KOMARJI

64 - Professioni #1

```
B  I  Q  Q  F  H  G  M  V  K  D  F  J  Z
Y  A  N  R  Z  T  L  P  O  A  I  A  J  L
V  F  N  S  C  P  A  L  D  R  H  R  J  A
F  K  T  K  R  R  S  E  O  T  N  M  L  T
N  W  R  C  I  U  B  S  V  O  K  A  M  A
L  U  Q  C  J  R  E  A  O  G  C  C  R  R
J  L  M  G  D  Z  N  L  D  R  T  E  L  Q
L  O  V  E  C  Y  I  K  A  A  G  V  N  T
U  Y  K  O  T  I  K  A  R  F  M  T  P  Y
W  M  N  L  T  N  P  S  I  H  O  L  O  G
O  A  U  O  B  A  I  U  R  E  D  N  I  K
A  Z  W  G  V  W  Z  K  Q  W  T  U  W  Y
E  R  P  I  A  N  I  S  T  R  E  N  E  R
A  S  T  R  O  N  O  M  E  Y  Q  U  H  Y
```

TRENER	FARMACEVT
UMETNIK	GEOLOG
ASTRONOM	ZLATAR
PLESALKA	VODOVODAR
BANKIR	MORNAR
LOVEC	GLASBENIK
KARTOGRAF	PIANIST
UREDNIK	PSIHOLOG

65 - Antartide

```
W C E L I N A V K V M V Z Z
D T Z N S C G O I V O D A F
D S M I G R A C I J A K L O
O K O L J E N P K L T U I B
B A A E R D O U O Y B S V W
L L D D G K F G Q L L A O F
A N E E H D S Y R Z O L G I
K A T N U D C L Q A R T U I
I T R I A O S W D A F Q O Y
H A K K I T I Q D J L I O K
Q S T I R O K O T G I E J I
R A Z I S K O V A L E C D A
Z R E V M I N E R A L I C A
T E M P E R A T U R A T M N
```

VODA   OTOKI
OKOLJE   MIGRACIJA
ZALIV   MINERALI
KITI   OBLAKI
CELINA   POLOTOK
GEOGRAFIJA   RAZISKOVALEC
LEDENIKI   SKALNATA
LED   TEMPERATURA

66 - Libri

```
W Š D Y E Z T B A U Z E J I
S A V J P G Z N V V R V P G
E L O V S O C R L A T D L L
R J J I K D P W S P O H I
I I N B I B P N S K Q I R T
J V O B R A L E C Z I Z E E
A Z S S W B S M S H C N L R
P B T T R H O T H E M A E A
R I T R A G I Č N O M J V R
O R S A T G K T P C N D A N
M K O N T E K S T E P L N O
A A R W O N V F Z S Q J T C
N Z G O D O V I N S K I N M
N L E P O T O P I T E V O S
```

AVTOR
ZBIRKA
KONTEKST
DVOJNOST
EPSKI
POTOPITEV
IZNAJDLJIV
LITERARNO
BRALEC
STRAN

PESEM
RELEVANTNO
ROMAN
PISNO
SERIJA
ZGODBA
ZGODOVINSKI
TRAGIČNO
ŠALJIV

67 - Geografia

```
Y Y M U V F V S E V E R Q Q
T S A Y L K C V D Q K E Z C
E E P O L D N E V N I K E E
R M E T O I R T I G O A M L
N E M O R J E D Š A Z R L I
M S G K W Z O H I T E S J N
P T B I O C E A N L M K E A
W O M L J Z O P A A L M V L
K M L L B A O T O S J I I Z
Q R J D N H M L B L E J D L
H N E U S O O D M H O K D Y
N I H K K D R Ž A V A B K H
V I G O R A O F Q O N C L H
J U G M D E K V A T O R M A
```

VIŠINA
ATLAS
MESTO
CELINA
POLOBLA
EKVATOR
REKA
OTOK
ZEMLJEVID
MORJE

POLDNEVNIK
SVET
GORA
SEVER
OCEAN
ZAHOD
DRŽAVA
REGIJA
JUG
OZEMLJE

68 - Cibo #1

```
C J N G B A Z I L I K A A K
B I E M E T A G I G O I R T
Y Y M Č U M Z W M M R A F T
W H E E M L E K O R E P A O
I N S B T E T U N A N F E R
Z P O U C R N S A O J Z H T
N L U L A B M O R E D R A
M O R A L S U Č P L Q K U H
Š P I N A Č A E F J A V Š R
I N T P S O K S S A B T K F
N F F V O O D E M G Q M A O
P A G A L B P N D O G R D R
P U F E H U R B W D V N Z D
J G B O M L J S L A D K O R
```

ČESEN	META
BAZILIKA	JEČMEN
CIMET	HRUŠKA
MESO	REPA
KORENJE	SOL
ČEBULA	ŠPINAČA
JAGODA	SOK
SOLATA	TUNA
MLEKO	TORTA
LIMONA	SLADKOR

69 - Aeroplani

```
T U R B U L E N C A H D N A
F P O T N I K S M E R I A R
Z G O D O V I N A S G Z P U
R R Q S P U P K V E J A I P
A A G L A A N V I S C J H R
K D Z V O D I K Š T J N N I
B N T S U F K W I O K E I S
A J P I L O T A N P J B N T
L A G O R I V O A M U D E A
O A T M O S F E R A O E B N
N A S V E M A A B R B T O E
O A O E I D K U R B Y G O K
P U S T O L O V Š Č I N A R
S M O A E B O B C Q D L R M
```

VIŠINA	SESTOP
ZRAK	POSADKA
ATMOSFERA	NAPIHNI
PRISTANEK	VODIK
PUSTOLOVŠČINA	MOTOR
GORIVO	BALON
NEBO	POTNIK
GRADNJA	PILOT
DIZAJN	ZGODOVINA
SMER	TURBULENCA

70 - Pirati

```
T N H J B W Z T W S W B K N
L E L Z A K L A D W L R P S
I V W E U P A P I G A A L K
K A A M G Q T Y Z K F Z A A
O R M L E E O J A M A G Ž P
M N Q J N W N Y S E H O A I
P O P E R N O D T Č Q T Y T
A S V V S L A B A I M I H A
S T P I Q H Z B V K P N S N
R J W D E P O S A D K A Y S
P U S T O L O V Š Č I N A I
D W M E K T W I A Y W A M D
N H Z M G K O V A N C I L R
M Q F J P G Q K P Y U R L O
```

SIDRO
PUSTOLOVŠČINA
ZASTAVA
KOMPAS
KAPITAN
SLAB
BRAZGOTINA
POSADKA
JAMA
OTOK

LEGENDA
ZEMLJEVID
KOVANCI
ZLATO
PAPIGA
NEVARNOST
RUM
MEČ
PLAŽA
ZAKLAD

71 - Colori

```
F U K S I J A Z R J A V O S
F Q Q I N B C H E D V H O E
Q S V N U D Q R P L E C H P
Q E Č J I N D I G O E Č T I
S S R A V I J O L I Č N A A
Y O N U U O O Z Y K C O A I
A B A F M O D R A S I V A Y
C W L B B E Ž V N R U W I Y
R O Z A J J N Z G S O W D Y
I G G B C W R A R A O S E B
M A G E N T A O R A N Ž N A
S Q W L G W F R Y W K C I P
O H S A U P I R L A O M L I
N M A H T F N V E P L Q L C
```

ORANŽNA   INDIGO
BEŽ   MAGENTA
BELA   RJAV
MODRA   ČRNA
SINJA   ROZA
CRIMSON   RDEČA
FUKSIJA   SEPIA
RUMENA   ZELENA
SIVA   VIJOLIČNA

72 - Spiaggia

```
Z J Y K R D J S U M O R J E
S E M A T E I A W U C T S K
L D Z K K Ž O N D B E E O B
F T U Z O N B D O R A K N K
J T Z I E I A A K I N C C T
S K C J F K L L Y S Z I E N
L A G U N A A I H A A W C O
P U T C G J W S U Č Y O D A
C E O L B C P B C A G S U J
A F S N K Č I O S C D N B K
I G E E M O D R A M O N T V
A M A N K L D O P U S T I R
G R E B E N Q Z I I S Q A H
Z W N Z V E G R Q H F B R N
```

BRISAČA	MORJE
ČOLN	OCEAN
JADRNICA	DEŽNIK
MODRA	PESEK
OBALA	SANDALI
DOK	GREBEN
RAK	SONCE
OTOK	DOPUST
LAGUNA	

73 - Avventura

```
I  I  L  N  V  S  J  Z  C  E  C  N  P  P
Z  T  K  A  Q  A  C  A  I  R  R  A  R  R
Z  I  K  V  R  V  R  B  L  C  H  V  I  I
I  N  G  I  C  Q  I  N  J  Z  I  D  L  J
V  E  L  G  T  L  A  O  O  I  A  U  O  A
I  R  P  A  R  E  B  V  K  S  K  Š  Ž  T
Z  A  P  C  M  P  Ž  O  N  Q  T  E  N  E
L  R  R  I  Y  O  V  A  E  V  I  N  O  L
E  W  I  J  D  T  E  A  V  T  V  J  S  J
T  P  P  A  F  A  S  P  A  N  N  E  T  I
N  A  R  A  V  A  E  O  R  D  O  T  Q  L
S  Z  A  Y  H  U  L  G  N  D  S  S  I  T
P  L  V  R  J  M  J  U  O  O  T  J  T  D
H  L  A  S  Y  K  E  M  J  I  O  O  Z  C
```

PRIJATELJI
AKTIVNOST
LEPOTA
POGUM
CILJ
TEŽAVNOST
NAVDUŠENJE
IZLET
VESELJE

ITINERAR
NARAVA
NAVIGACIJA
NOVO
PRILOŽNOST
NEVARNO
PRIPRAVA
IZZIVI
VARNOST

74 - Forme

```
B L A D O M Z Q L S S R M H
D A I H Z V V P O T T C T I
F O S F E R A O K R O E L P
R T Z P V O F L Z A Ž L V E
V O G A L B G I N N E I F R
L D P D V O I G F A C P O B
K D I C W V S O V H R S E O
Q V R A M I O N O H C A Q L
B A A T J Č K R I V U L J A
F L M D P R I Z M O K G B L
Q J I Z R T U L I M R R J H
R G D R C A M S N R R W O N
F E A W M K T K O C K A F G
P R A V O K O T N I K F I T
```

VOGAL
LOK
ROBOVI
KROG
VALJ
STOŽEC
KOCKA
KRIVULJA
ELIPSA
HIPERBOLA

STRAN
ČRTA
OVALNA
PIRAMIDA
POLIGON
PRIZMO
KVADRAT
PRAVOKOTNIK
SFERA

75 - Oceano

```
F W Q T V Č O L N P K E H Y
O B H D J O Q M D G I I O C
M Ž Z Q E F P E V O T W B Q
N E V I H T A R S B S D O D
G L D O G H B J G A W H T P
C V L U S O L D E L F I N L
M A C A Z T P Q E G R B I I
K S N R K E R R N R U I C M
K O Z I C A G I G E Q L A O
O E B B B Y N Y G B Q C J V
R A K E G M U T N E N Q P A
A V A L O V I V C N M I V N
L M O R S K I P E S P B C J
E T U N A N A E H V P E Y E
```

JEGULJA   OSTRIGE
KIT   RIBE
ČOLN   HOBOTNICA
KORALE   SOL
DELFIN   GREBEN
KOZICA   GOBA
RAK   MORSKI PES
PLIMOVANJE ŽELVA
MEDUZE   NEVIHTA
VALOVI   TUNA

76 - Famiglia

```
B P V R R V O D S G R Y O Q
R R Q J D F T Ž E N A N T A
A E V J D P R V S D C L R U
T D V H M J O R T Y E N O G
R N E Č A K C M R T G K Š M
A I M I T V I Z A S V C T O
N K S A E L B R A T D B V Č
E O T A R E C T E R J M O E
C O E L N K Y B K I I O T T
P O T Q A F D V A C M Ž R O
G C A V O Č E C P B R A O V
V A G N M A T I P P I G K S
V K B U I Y L Z F V K C B K
B R O K A J W C B M R P A I
```

PREDNIK
OTROCI
OTROK
BRATRANEC
HČI
BRAT
OTROŠTVO
MATI
MOŽ
MATERNA

ŽENA
NEČAK
VNUK
BABICA
DEDEK
OČE
OČETOVSKI
SESTRA
TETA
STRIC

77 - Veicoli

```
T  M  K  A  R  A  V  A  N  A  E  A  A  T
O  P  O  V  H  F  V  T  T  M  K  P  V  R
V  N  O  T  Č  O  L  N  A  B  N  D  T  A
O  E  H  O  O  Q  A  C  K  K  K  G  O  K
R  V  S  W  C  R  K  T  Y  J  S  O  B  T
N  M  K  O  L  O  A  R  D  T  Y  I  U  O
J  A  E  F  J  D  P  A  D  U  S  L  S  R
A  T  V  A  N  P  S  J  R  A  K  E  T  A
K  I  Z  D  I  I  F  E  N  E  U  T  M  G
Z  K  S  I  R  N  A  K  Z  E  T  A  K  A
L  E  P  L  P  F  R  T  N  I  E  L  W  E
H  E  L  I  K  O  P  T  E  R  R  O  T  E
S  Y  A  P  O  D  M  O  R  N  I  C  A  V
J  F  V  A  M  B  U  L  A  N  T  A  N  Y
```

LETALO
AMBULANTA
AVTO
AVTOBUS
ČOLN
KOLO
TOVORNJAK
KARAVANA
HELIKOPTER
VAN

MOTOR
PNEVMATIKE
RAKETA
SKUTER
PODMORNICA
TAKSI
TRAJEKT
TRAKTOR
VLAK
SPLAV

78 - Emozioni

```
S O Č U T J E N E Ž N O S T
P R E S E N E Č E N J E V P
R Z D K M J G G K G E B E R
O N A F I I N N S T Z F S I
Š A Ž D R C R Z M E A O E J
Č V A V O H R E L I E F L A
E D L S H V D N N B L J J Z
N U O E D A O Z O H N R E N
P Š S B K L P L S T R A H O
L E T I T E I S J E E P S S
V N B N L Ž Y T L N Q G O T
Z B L A Ž E N O S T I R H F
E B C I W N L J U B E Z E N
N M C B U Z D O L G Č A S N
```

LJUBEZEN   STRAH
BLAŽENOST   JEZA
MIREN   SPROŠČEN
VSEBINA   RELIEF
NAVDUŠEN   SOČUTJE
PRIJAZNOST   ZADOVOLJNI
VESELJE   PRESENEČENJE
HVALEŽEN   NEŽNOST
DOLGČAS   ŽALOST
MIR

79 - Natura

```
R E K A G H V U L D V D N L
F P N P V O E H I I E W E E
A U C W V B Z B S V D J Q D
H R Y O T L R D T J R M O E
V T K O U A S P J I O G D N
H R Z T Z K T V E P S W I I
K O Q E I I R M E G L A N K
Y P Y N T K E N R T P P A M
Ž S F H N A A Č O O I U M B
I K G Z G O R E Z P I Š I A
V I I P T A N B I H Y Č Č F
A B W H P A I E J B S A N E
L I V N F Y C L A J G V O Q
I R Z L L F L E P O T A E E
```

ŽIVALI
ČEBELE
ARKTIKA
LEPOTA
PUŠČAVA
DINAMIČNO
EROZIJA
REKA
LISTJE

GOZD
LEDENIK
GORE
MEGLA
OBLAKI
SVETIŠČE
DIVJI
VEDRO
TROPSKI

80 - Balletto

```
I K A B T E H N I K A I U G
N A N B P B A S K D J Z M L
T A S H L P A K O K F R E A
E U K K E G P L R M O A T S
N U R M S O L A E Q B Z N B
Z S K Q A I A D O R Č N I A
I L G O L Q V A G I I O Š N
V O E R C M Z T R T N N K N
N G S K I I N E A E S D A Q
O I T E C Š L L F M T K F T
S U A S O I M J I D V A J A
T S D T E C J K J C O S U Z
E D E E G E G E A H S A V B
C S P R E T N O S T D N Z K
```

SPRETNOST
APLAVZ
UMETNIŠKA
BALERINA
PLESALCI
SKLADATELJ
KOREOGRAFIJA
IZRAZNO
GESTA
INTENZIVNOST

LEKCIJE
MIŠICE
GLASBA
ORKESTER
VAJA
OBČINSTVO
RITEM
SLOG
TEHNIKA

81 - Castelli

```
L V K B O L Q D W I I Q F V
N C D W K Š Č I T I M F E I
K O N J L Y P N F K K Z V T
R R S V E Z L A S D P V D E
O T A Y P M V S T O L P A Z
N Y L L N A L T M P G R L P
A T Z T J J W I E F E L N R
P R I N C E E J Č S Q E I I
A D D M C I S A M O R O G N
L N S P Y K A T A P U L T C
A J B M U M A H V V U Q C E
Č A I M P E R I J O S H U S
A V M W U M M Ž L A H T N A
Y A H V M S F D S M V A S Q
```

OKLEP	ŽLAHTNA
KATAPULT	PALAČA
VITEZ	ZID
KONJ	PRINC
KRONA	PRINCESA
DINASTIJA	KRALJESTVO
ZMAJ	ŠČIT
FEVDALNI	MEČ
TRDNJAVA	STOLP
IMPERIJ	SAMOROG

82 - Campionato

```
Y P G F I N A L I S T Y M T
M A V N S P R V A K U N E R
O G Z Z U E F A B C V S D E
T V P R V E N S T V O K A N
I S Z K L S K A Y S I S L E
V Z D R Ž L J I V O S T J R
A I P S I Y Z N P G T R A Z
C G I G O Z U B M A A A Z M
I R C G Š D V L I G A T T A
J E U E P F N E W U K E A G
A U Z N O J M I D S T G Y A
G W S Z R Y J J K B C I Q O
I Y P N T R F Z K E A J Q R
J B E N P T U R N I R A M S
```

TRENER   IZVEDBA
PRVENSTVO   VZDRŽLJIVOST
PRVAK   ŠPORT
FINALIST   EKIPA
IGRE   STRATEGIJA
SODNIK   ZNOJ
LIGA   TURNIR
MEDALJA   ZMAGA
MOTIVACIJA

83 - Foresta Pluviale

```
Ž O H R A N J A N J E P N A
G U A V T O H T O N A T C O
W C Ž B O T A N I Č N I H G
U O Z E V R E D N O P C Z S
V U O B L A K I H K S E G P
R M A H Z K N A R A V A S O
S D C V T W E O J B W D S Š
T K R A Z N O L I K O S T T
E O U Y P O D N E B J E R O
P B V P R E Ž I V E T J E V
C N G S N Z E D Ž U N G L A
A O G D V O Ž I V K E K D N
P V E Y R A S E S A L C I J
H A S O Z Z A T O Č I Š Č E
```

DVOŽIVKE
BOTANIČNI
PODNEBJE
SKUPNOST
RAZNOLIKOST
DŽUNGLA
AVTOHTONA
ŽUŽELKE
SESALCI
MAH

NARAVA
OBLAKI
OHRANJANJE
VREDNO
OBNOVA
ZATOČIŠČE
SPOŠTOVANJE
PREŽIVETJE
VRSTE
PTICE

84 - Edifici

```
G L M U M A Q S T S A B S O
R L Š O T O R K O U O O T B
A A E L S O K E V P Y L A S
D B U D T L M D A E M N D E
B O N Y A T E E R R U I I R
Q R I B N L T N N M Z Š O V
U A V P O T I J A A E N N A
I T E A V Z J Š B R J I B T
Z O R K A K A O Č K H C A O
F R Z A N K P L A E L A W R
A I A B J I H A F T G A Z I
E J V I E N C M H O T E L J
S Q S N H O S T E L H O S T
E D T A S T O L P E B E N Z
```

STANOVANJE
KABINA
GRAD
KINO
TOVARNA
KMETIJA
SKEDENJ
HOTEL
LABORATORIJ
MUZEJ

BOLNIŠNICA
OBSERVATORIJ
HOSTEL
ŠOLA
STADION
SUPERMARKET
GLEDALIŠČE
ŠOTOR
STOLP
UNIVERZA

85 - Paesi #2

```
V F H L L E G J S N E P A L
P V A P I A F E U R Q P N C
G E I U E B O G D A N S K A
E J T K Y F E S A D L I F H
M G I R S K A R N S J N T Z
W E J A C P L G I B K D E U
C T H J D O B R R J P O Q G
V I Z I H A A Č I A A N E U
I O R N K O N I R P K E U Q
Z P A A F A I J U O I Z G D
N I G E R I J A S N S I A L
T J S R L K A Y I S T J N P
J A T J J A M A J K A A D Q
Z S I R I J A H A A N U A D
```

ALBANIJA
DANSKA
ETIOPIJA
JAMAJKA
JAPONSKA
GRČIJA
HAITI
INDONEZIJA
IRSKA
LAOS

LIBERIJA
MEHIKA
NEPAL
NIGERIJA
PAKISTAN
RUSIJA
SIRIJA
SUDAN
UKRAJINA
UGANDA

86 - Tipi di Capelli

```
Z B E E T Q L Q F Q E S P Č
P G H V A L O V I T A U L R
D L M Q N B O D C L N H E N
O A E F E O O O B E L A Š A
L D H T K I T E L L D V A U
G K K F E U V W K O O C S U
A O O S Y N T F C K L N T I
D K R B R C O L D S C E D V
Z B Q S R E B R O Z S K V Z
N L K R I R T J K O D R I U
Q F F Z P V H A D T E A L E
O H P Z D R A V W N B T J G
V U K O D R A S T I E E D Q
F Q S J H O M B G H L K Q J
```

SREBRO
SUHA
BELA
BLOND
KRATEK
PLEŠAST
SIVA
PLETENO
GLADKO
DOLGA

RJAV
MEHKO
ČRNA
VALOVITA
KODRASTI
KODRI
ZDRAV
TANEK
DEBEL
KITE

87 - Vestiti

```
B K Z O L D F J P V A L R E
R L V A Q J R A B I E H Y J
O O U Y P H T K K B Ž L S F
K B W Z L E V N A P F A C C
A U E F A P S A A P B Č M S
V K S V Š U U T H W U E K E
I P A S Č L Q Q N I G K A K
C E N R T O G R L I C A V R
E L D A N V C Q U O C J B I
D S A J Y E C A Q B V A O L
H H L C M R E D R L V Y J O
H S I A I Š Q N S E L S K G
P R E D P A S N I K O I E B
O Č E V E L J I G A M O D A
```

OBLEKA
ZAPESTNICA
BLUZA
SRAJCA
KLOBUK
PLAŠČ
PAS
OGRLICA
JAKNA
KRILO

PREDPASNIK
ROKAVICE
KAVBOJKE
PULOVER
MODA
HLAČE
PIŽAME
SANDALI
ČEVELJ
ŠAL

88 - Attività e Tempo Libero

```
V P C N L Y D N D L H K V P
E O U A P Q E O F B O A R L
B T O K L L S G S A B M T A
A A B U Z O K O P S I P N V
R P G P J J A M R E J I A A
I L B O K S N E O B I R R N
B J K V L D J T Š A O A J J
O A O A T F E O Č L W N E E
L N Š N Y A E T U L O J N A
O J A J O D B O J K A E J U
V E R E Q C T P O T M B E E
S N K T E N I S Č S L I K A
H Q A H W G U M E T N O S T
P O H O D N I Š T V O K H Z
```

UMETNOST   POTAPLJANJE
BASEBALL   PLAVANJE
KOŠARKA   ODBOJKA
BOKS   RIBOLOV
NOGOMET   SLIKA
KAMPIRANJE   SPROŠČUJOČE
POHODNIŠTVO   NAKUPOVANJE
VRTNARJENJE   DESKANJE
GOLF   TENIS
HOBIJI

89 - Tecnologia

```
R A Č U N A L N I K G H Y M
K A F O T O A P A R A T O S
U T Z D Y Q O Z V O Y D M T
R C P I N T E R N E T B A A
Z F L G S Q P I S A V A P T
O B K I P K Y O Q B V J A I
R R D T O Z A O D Z I T O S
G S Q A R O U V E A R I W T
Z K L L O H H A E B T M O I
Z A N N Č R H R A L U K V K
T L S O I M M N C O A Z I A
C N Y L L J R O B G L Y R G
T I N B O Q S S D M N S U B
R K F A I N N T D P O M S V
```

BLOG
BRSKALNIK
BAJTI
RAČUNALNIK
KURZOR
PODATKI
DIGITALNO
MAPA
PISAVA

INTERNET
SPOROČILO
RAZISKAVE
ZASLON
VARNOST
STATISTIKA
FOTOAPARAT
VIRTUALNO
VIRUS

90 - Arte

```
P N P R E P R O S T O A I R
N T A V I Z U A L N O E Z A
A U Z D K O M P L E K S R Z
V S K E R A M I K A C S A P
D T I F V E C K R A P L Z O
I V S N O H A E N D R I K L
H A K L S H S L I K E K L O
N R R S E G J V I K D A M Ž
J I E F B T U W V Z M R C E
E T N I N B I V J F E H B N
N I D P O E Z I J A T M O J
S E S T A V A S I M B O L E
Q B K E D I Z V I R N I K G
A M K I P A R S T V O Y F N
```

KERAMIKA   OSEBNO
KOMPLEKS   POEZIJA
SESTAVA   KIPARSTVO
USTVARITI   PREPROSTO
SLIKE   SIMBOL
IZRAZ   PREDMET
SLIKA   NADREALIZEM
NAVDIHNJEN   RAZPOLOŽENJE
ISKREN   VIZUALNO
IZVIRNIK

91 - Meteo

```
D Y T G G R G K F Z U A O M
Y C Y R L E D Q G L Y T B E
J R S O O M O N S U N M L G
B P Q M S P U D U V E O A L
S U Š A P Z S K H E V S K A
M V L P L C T K A T I F Y O
A E P O L A R N I R H E L A
V T O Y H O E E E I T R P R
R E D C F P L W Q Č A A N I
I R N E B O E T O R N A D O
C T E M P E R A T U R A N E
A I B K J D G K Z D N N H O
R P J Q Q F K L A A U I U K
Q B E J A M J Z C N J I K D
```

MAVRICA	OBLAK
SUHA	POLARNI
ATMOSFERA	SUŠA
VETRIČ	TEMPERATURA
NEBO	NEVIHTA
PODNEBJE	TORNADO
STRELE	TROPSKI
LED	GROM
MONSUN	ORKAN
MEGLA	VETER

92 - Corpo Umano

```
Q U A N H G D U N U Z J M G
Ž E L O D E C H Q T C S O L
Y H J P B T D O Y M I R Ž E
S S K J R R A M A T Z C G Ž
H B Z S A O A L N B H E A E
H V O C D K Y Z W C I S N N
E W P I A A E K O Ž A V I J
V R A T L Q G O R H G D Y G
K O L E N O V M G I N O G A
G L A V A R T O O U O G H E
H P A U N Z Z L P R S T Q R
O K O S V Q L E B D D T V P
O S Y B W Y F C B T O B A U
G E H Q N Q I D Q U I G O M
```

USTA
GLEŽENJ
MOŽGANI
VRAT
SRCE
PRST
OBRAZ
NOGA
KOLENO
KOMOLEC

ROKA
BRADA
NOS
OKO
UHO
KOŽA
KRI
RAMA
ŽELODEC
GLAVA

93 - Mammiferi

```
N N O R E K U Z H D U S I O
Y D I U Q E S A Z E R O L T
H B Y T U V E J S L E V K I
H I A I S Y T K L F V Q F F
F Z J K I W O A O I P U Q Z
P P O W L A I H N N U W L J
G Q P A T F O S Z A J E C C
G O R I L A P M W J E L E N
F V O L K J A A G O N R Z M
H C M P E S H Č S H F K E E
A E E B I K I K O J O T B D
C L I S I C A A I T Y C R V
N Q J Ž I R A F A T V B A E
K E N G U R U O Y G B D Q D
```

KIT	ŽIRAFA
PES	GORILA
KENGURU	LEV
KONJ	VOLK
JELEN	MEDVED
ZAJEC	OVCE
KOJOT	OPICA
DELFIN	BIK
SLON	LISICA
MAČKA	ZEBRA

94 - Arrampicata

```
S T A B I L N O S T A R P T
I Z Z I V I E G J A M A O R
V O D Y Q Z Z S S D T D H E
P O Š K O D B A T D W O O N
C F D T E R E N R P S V D I
C Y Q N O Z J S O Z T E N N
F C C H I F J I K E C D I G
M I Q H Y K E R O M S N Š Z
U O Z H H G I P V L V O T U
J O Č I Š K O R N J I S V Q
O Z K A Č Z V J J E Š T O B
R B F H V N Y L A V I K T I
K C L O F O I W K I N N Y A
K I M G N Č E L A D A K B H
```

VIŠINA
ČELADA
RADOVEDNOST
POHODNIŠTVO
STROKOVNJAK
FIZIČNI
TRENING
MOČ
JAMA

VODNIKI
POŠKODBA
ZEMLJEVID
IZZIVI
STABILNOST
ŠKORNJI
OZKA
TEREN

95 - Animali Domestici

```
W V P R Q U H S C J J K H M
U O A I Ž O V R A T N I K Z
S D P B K E N Z Č A K L U A
R A I E H C L G N E F K Š J
E W G T H C Q V J H K L Č E
P H A A K R A V A M I Š A C
O L O C U M G E T A U F R K
V P H E Ž F V T T Č E C S F
O E J U E S A E Q K O I K O
D S L D K N D R P A V L E A
E L K O Z A A I U T D U C V
C W S B Q T R N T N U V N T
D J H S B S D A H H R A N A
P P M W T O G R T F V A H W
```

VODA
PES
KOZA
HRANA
REP
OVRATNIK
ZAJEC
HRČEK
KUŽEK
MUCKA

MAČKA
POVODEC
KUŠČAR
KRAVA
PAPIGA
RIBE
ŽELVA
MIŠ
VETERINAR
TACE

96 - Cucina

```
Y K A T D Y L P B W B L L N
Z A Č I M B E G V J V R Č I
K H L A D I L N I K W E P H
O Y R E K Q U L Ž L I C E N
T P R E D P A S N I K E Č O
L H A Ž D A J I G R O P I Ž
I R F L A R A L K H L T C I
Č T I W Č R R C H R A N A N
E C O B I K G O B A M U E S
K D I B L Q E P R T I Č E K
V I L I C E T W M W H E F L
Z A J E M A L K A W I S U E
S K O D E L I C E C U C K D
Z A M R Z O V A L N I K O A
```

PALČKE
KOTLIČEK
VRČ
HRANA
SKLEDA
NOŽI
ZAMRZOVALNIK
ŽLICE
VILICE
PEČICA

HLADILNIK
PREDPASNIK
ŽAR
ZAJEMALKA
RECEPT
ZAČIMBE
GOBA
SKODELICE
PRTIČEK
JAR

97 - Vacanze #2

```
P Y M G Q Q U Y J K P S R F
R H O T E L M E T A O A E O
E G R G U M Q V V M T E S T
V U J P R J L A I P O O T O
O T E O E J E Z Z I V T A G
Z N V T A F T C U R A O V R
I F R N P I A D M A N K R A
T G W I L V L A K N J D A F
J A S L A E I N J J E Y C I
C G K I Ž Z Š R A E I W I J
I D C S A H Č Š O T O R J E
L V W T I W E C I E I B A U
J J L N U P R O S T I Č A S
H W Y P O Č I T N I C E Q J
```

LETALIŠČE	TUJEC
KAMPIRANJE	TAKSI
CILJ	PROSTI ČAS
FOTOGRAFIJE	ŠOTOR
HOTEL	PREVOZ
OTOK	VLAK
MORJE	POČITNICE
POTNI LIST	POTOVANJE
RESTAVRACIJA	VIZUM
PLAŽA	

98 - Attività

```
K A M P I R A N J E O V U F
G A M U M E T N O S T K Ž O
N G E J D C Q O B K U Z I T
O Q T Y N C F H R H I I T O
B R A N J E J G T S S Y E G
H P L E S N S Q I O M O K R
S P R O S T I T E V L U E A
R O E G V M G M A G I J A F
H I J U S P R E T N O S T I
F V B E S K E R A M I K A J
L A S O Š I V A N J E W M A
D Y T V L W I U G A N K E P
W S P O H O D N I Š T V O A
U U A K T I V N O S T L Y D
```

SPRETNOST   POHODNIŠTVO
UMETNOST   FOTOGRAFIJA
OBRTI   IGRE
AKTIVNOST   BRANJE
LOV   MAGIJA
KAMPIRANJE   RIBOLOV
KERAMIKA   UŽITEK
ŠIVANJE   UGANKE
PLES   SPROSTITEV

99 - Forniture Artistiche

```
R  B  Y  V  B  I  P  K  H  U  S  J  D  S
T  A  B  E  L  A  O  H  Q  S  T  O  L  V
I  R  D  C  Y  A  A  Q  D  T  O  F  P  I
P  V  Y  I  Č  J  K  A  A  V  O  D  A  N
I  E  Q  Z  R  S  T  O  J  A  L  O  S  Č
P  B  I  F  N  K  R  Y  E  R  E  F  T  N
Q  A  G  L  I  N  A  F  U  J  S  Z  E  I
A  E  P  E  L  O  A  K  V  A  R  E  L  K
Š  K  Q  I  O  O  L  J  E  L  L  Q  I  I
Č  M  R  V  R  A  Q  N  I  N  E  N  D  U
E  G  H  I  O  G  L  J  E  O  P  S  E  K
T  G  I  J  L  W  F  B  O  S  I  D  J  W
K  J  B  S  A  Y  J  R  L  T  L  J  E  Q
E  U  A  A  Z  U  U  L  W  L  O  N  V  W
```

VODA
AKVAREL
AKRIL
GLINA
OGLJE
PAPIR
STOJALO
LEPILO
BARVE
USTVARJALNOST

RADIRKA
IDEJE
ČRNILO
SVINČNIKI
OLJE
PASTELI
STOL
ŠČETKE
TABELA

100 - Misurazioni

```
M L C S T O P N J A V L G Y
E I E S D S L V U V F K I R
T T N P A L C A Š I R I N A
E E T U V U G Q D Š H L Z F
R R I G T B N Y E I I O D V
Y K M G R A M Č O N W M C O
J V E P G J B I A A J E P Q
N S T O N T E Ž A D Q T Y H
Z D E C I M A L N O Y E I J
K C R H B N O T E L N R T U
N M S W E M D O U Ž Q R B N
R U P G B N A K M I Q Y Z Z
G L O B I N A S A N L W Q I
K I L O G R A M A A B K Y M
```

VIŠINA	DOLŽINA
BAJT	MASA
CENTIMETER	METER
KILOGRAM	MINUTA
KILOMETER	UNČA
DECIMALNO	TEŽA
STOPNJA	PALCA
GRAM	GLOBINA
ŠIRINA	TON
LITER	

1 - Scacchi

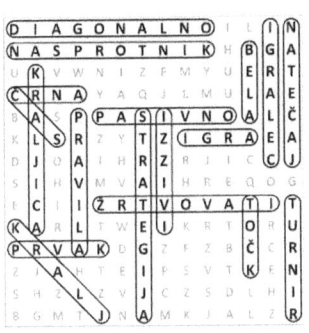

2 - Aggettivi #2

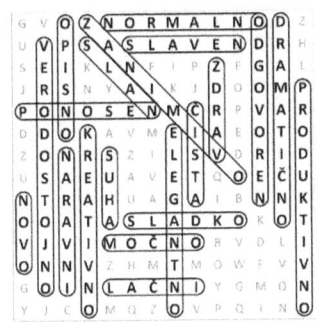

3 - Pesca

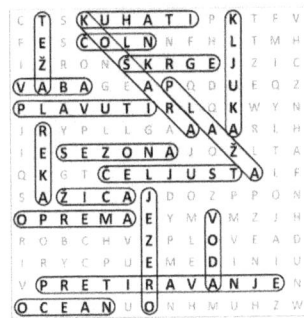

4 - Aggettivi #1

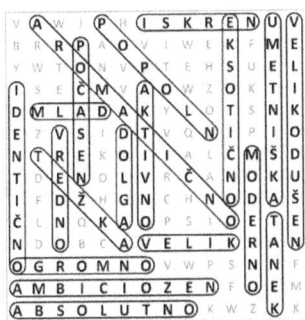

5 - Geologia

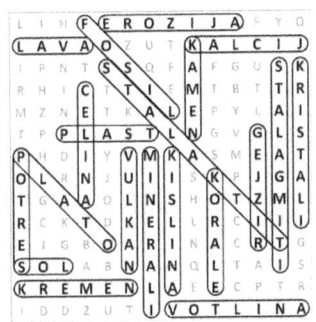

6 - Campeggio

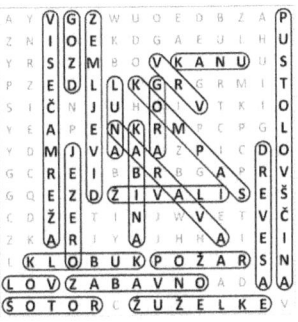

7 - Arti Visive

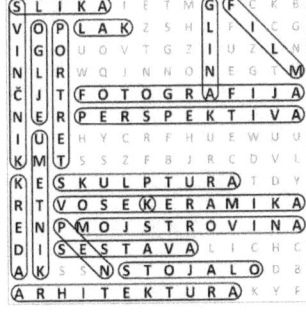

8 - Esplorazione

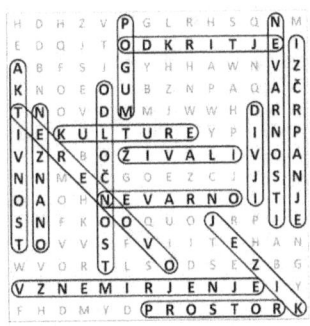

9 - Tempo

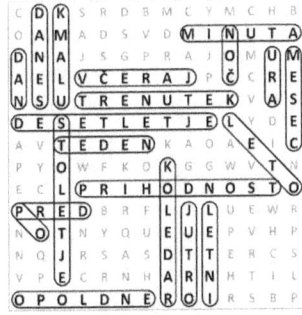

10 - Astronomia

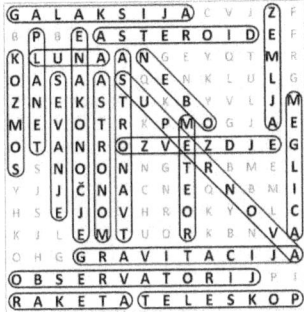

11 - Circo

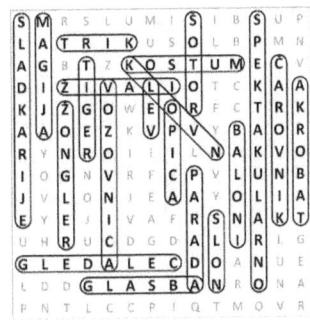

12 - Mitologia

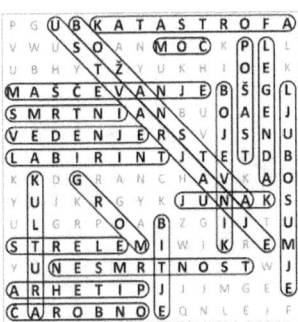

13 - Piante

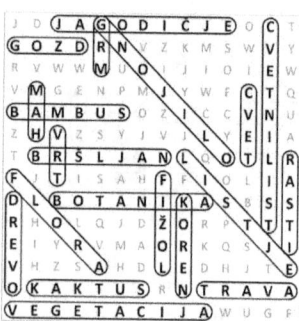

14 - Spezie

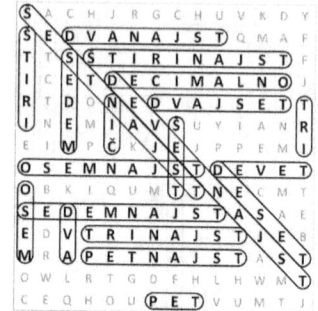

15 - Numeri

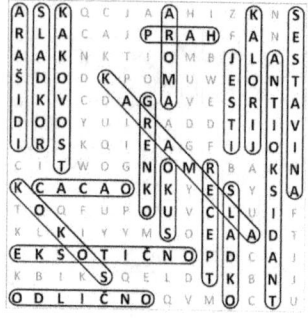

16 - Cioccolato

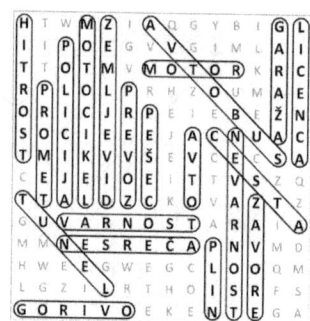

17 - Guida

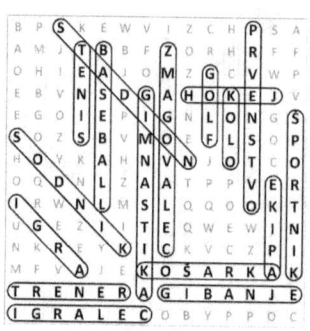

18 - Sport

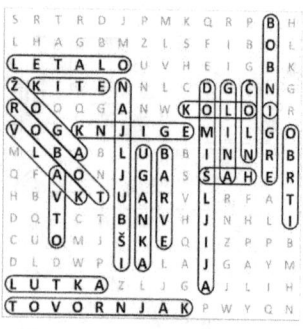

19 - Giocattoli

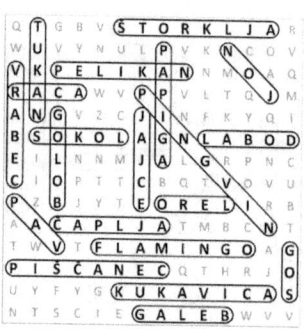

20 - Uccelli

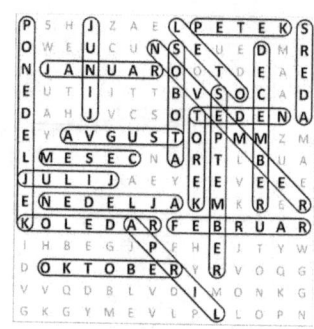

21 - Giorni e Mesi

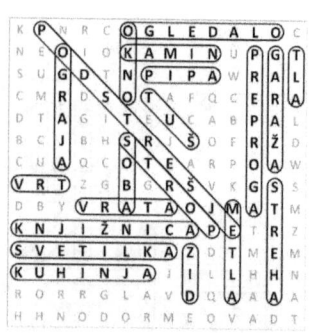

22 - Casa

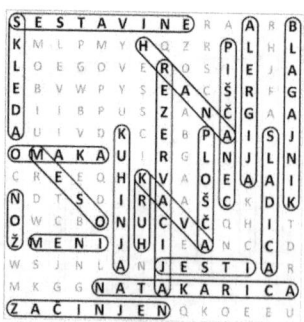

23 - Ristorante #1

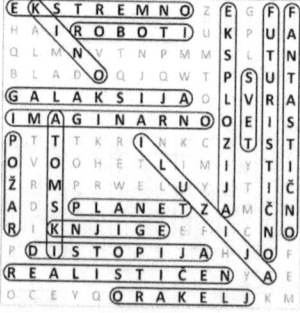

24 - Fantascienza

25 - Città

26 - Virtù #1

27 - Compleanno

28 - Fattoria #1

29 - Paesaggi

30 - Ristorante #2

31 - Giardino

32 - Frutta

33 - Fattoria #2

34 - Dinosauri

35 - Verdure

36 - Scuola #2

37 - Barbecue

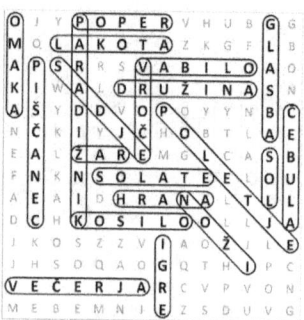

38 - Riempire

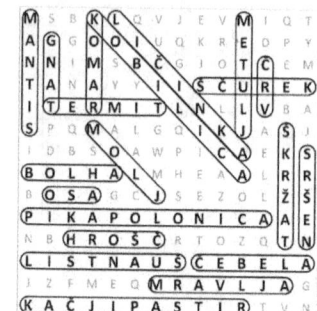

39 - Insetti

40 - Erboristeria

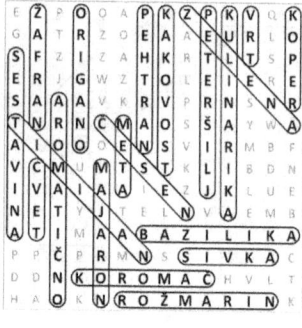

41 - Danza

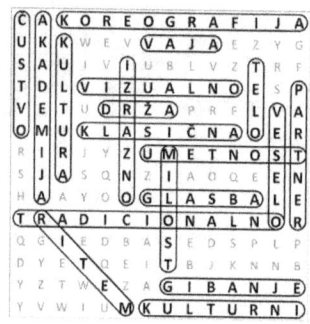

42 - Commedia

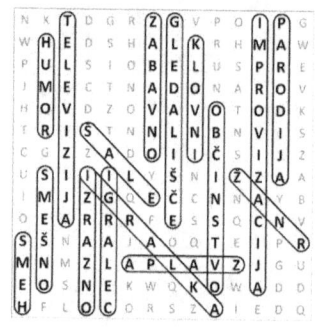

43 - Scuola #1

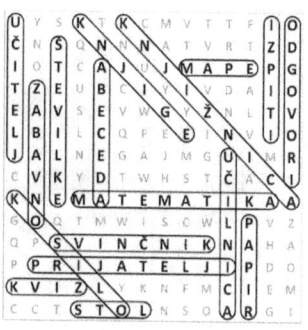

44 - Fiori

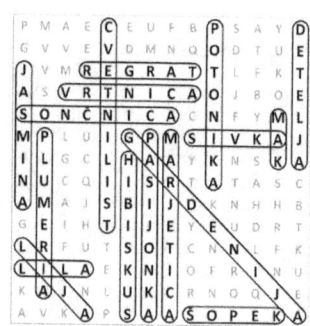

45 - Ecologia

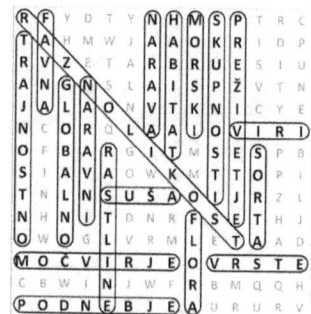

46 - Discipline Scientifiche

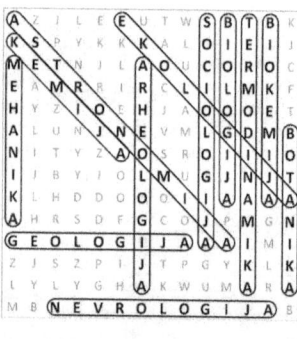

47 - Scienza

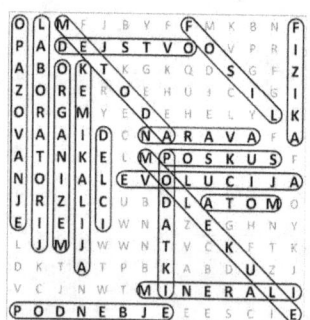

48 - Acqua

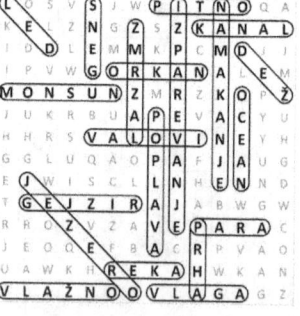

49 - Gatti

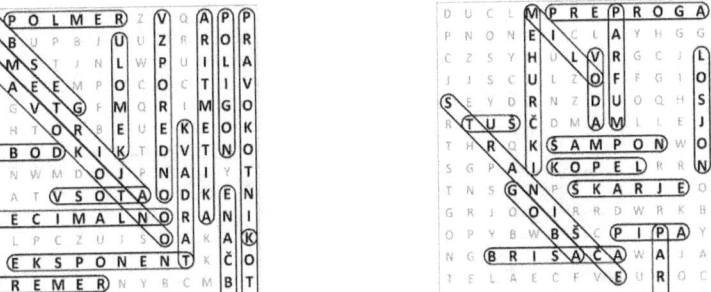

50 - Surf

51 - Imbarcazioni

52 - Api

53 - Conservazione

54 - Strumenti Musicali

55 - Professioni #2

56 - Letteratura

57 - Cibo #2

58 - Nutrizione

59 - Matematica

60 - Bagno

61 - Meditazione

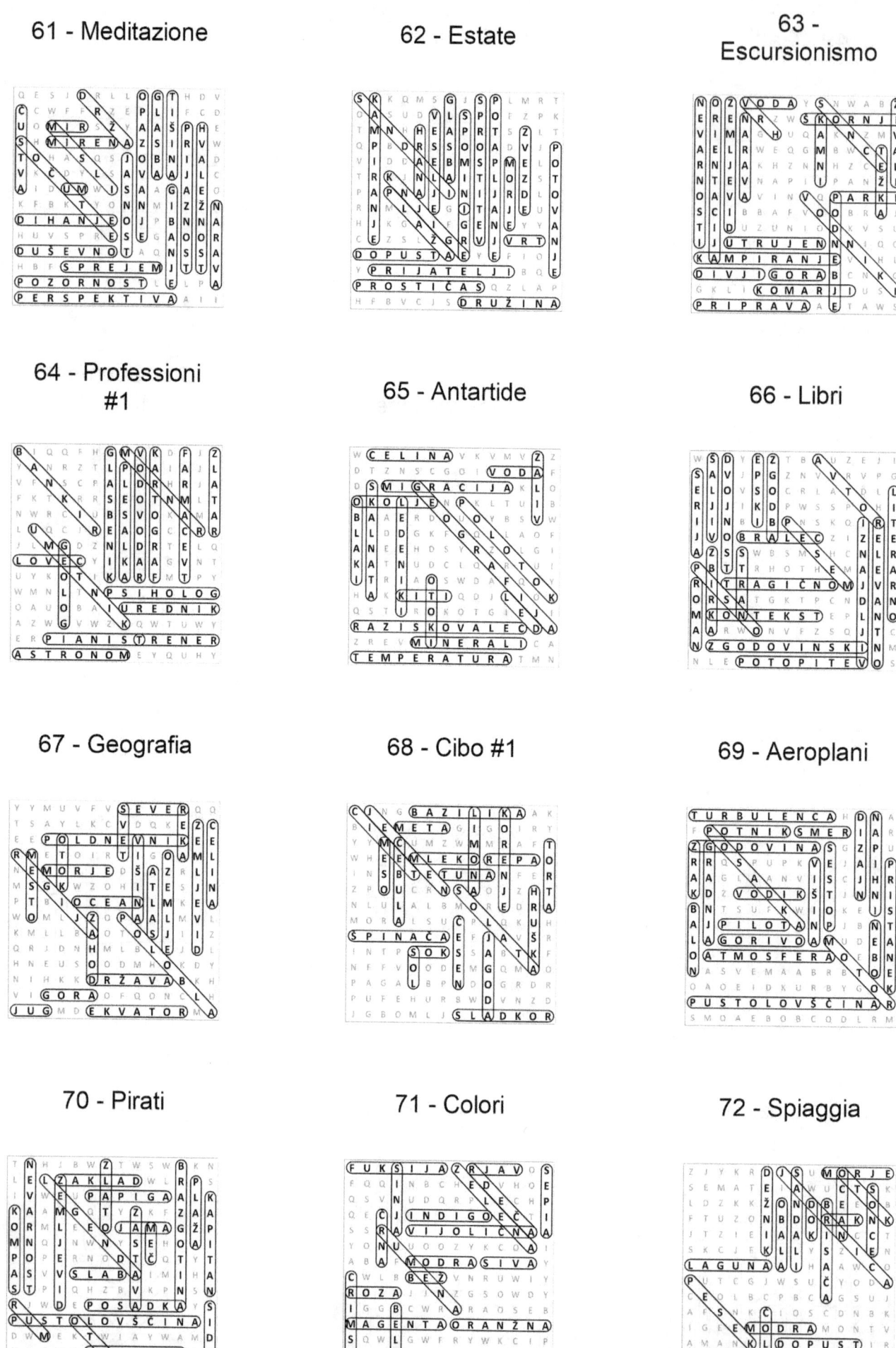

62 - Estate

63 - Escursionismo

64 - Professioni #1

65 - Antartide

66 - Libri

67 - Geografia

68 - Cibo #1

69 - Aeroplani

70 - Pirati

71 - Colori

72 - Spiaggia

73 - Avventura

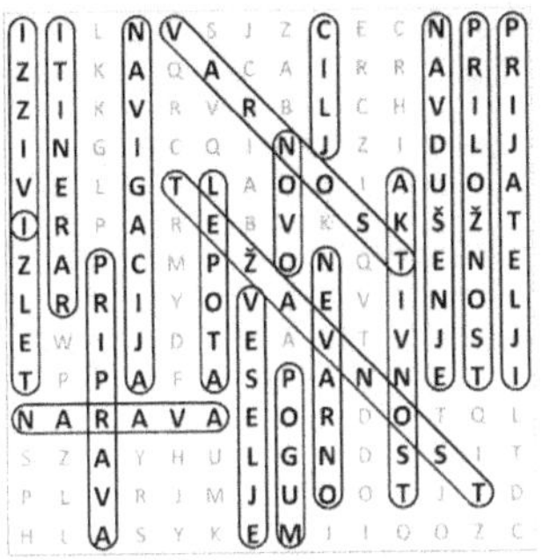

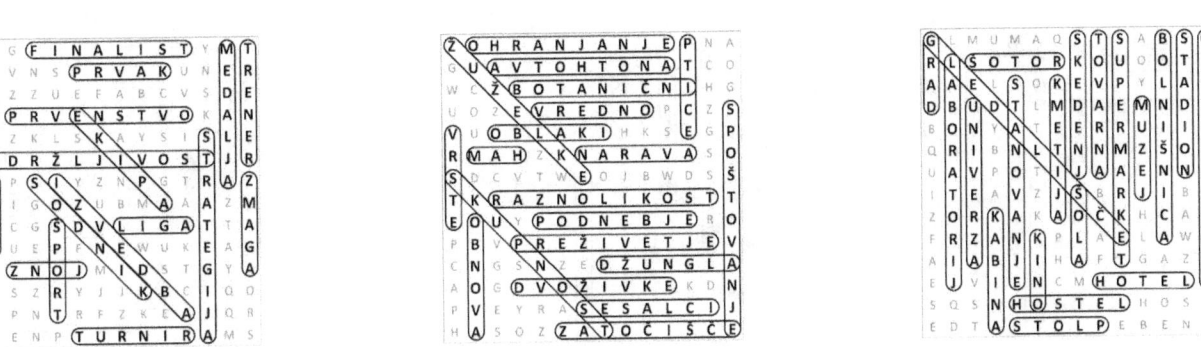

74 - Forme

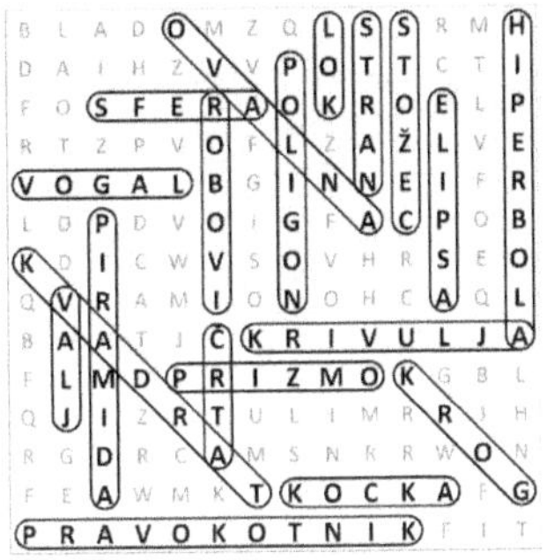

75 - Oceano

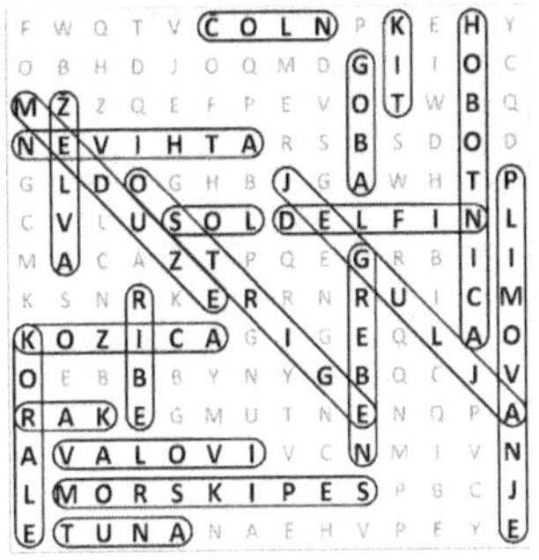

76 - Famiglia

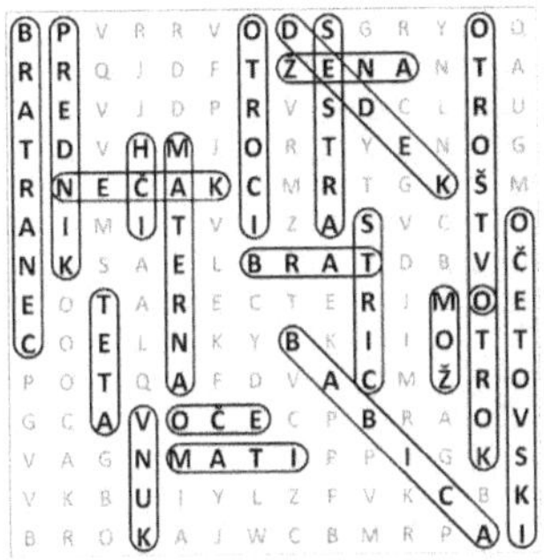

77 - Veicoli

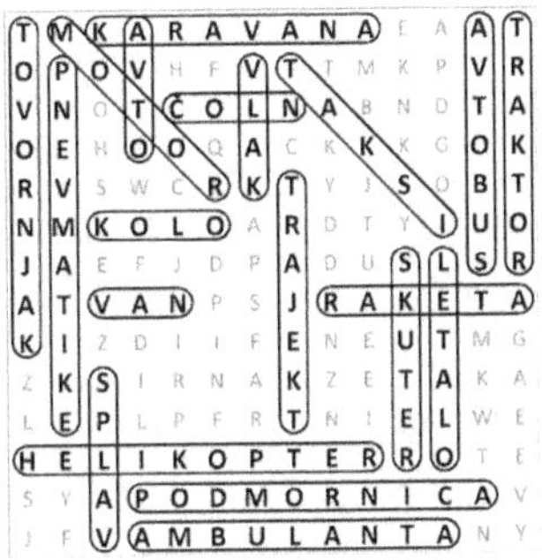

78 - Emozioni

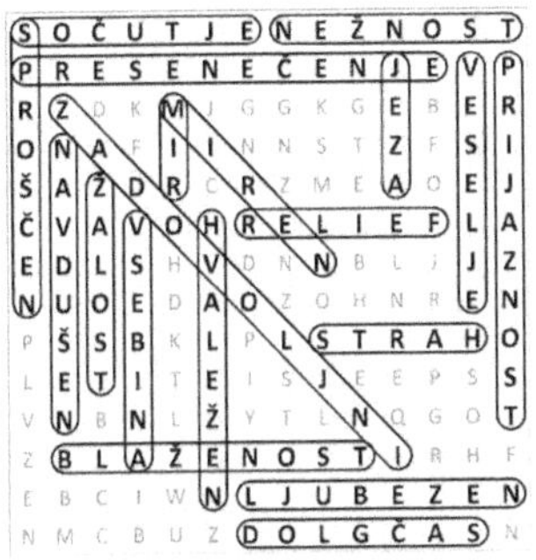

79 - Natura

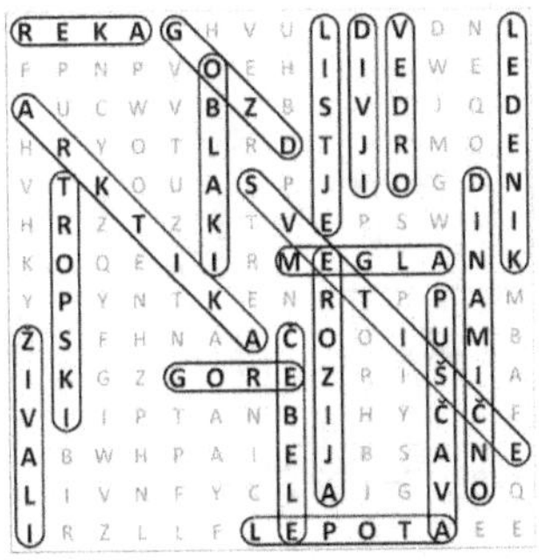

80 - Balletto

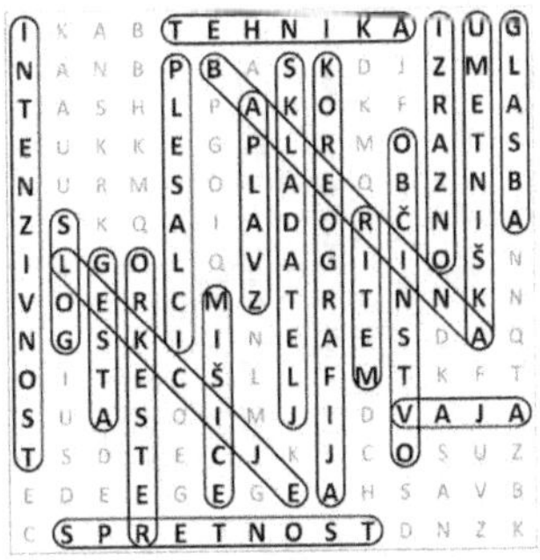

81 - Castelli

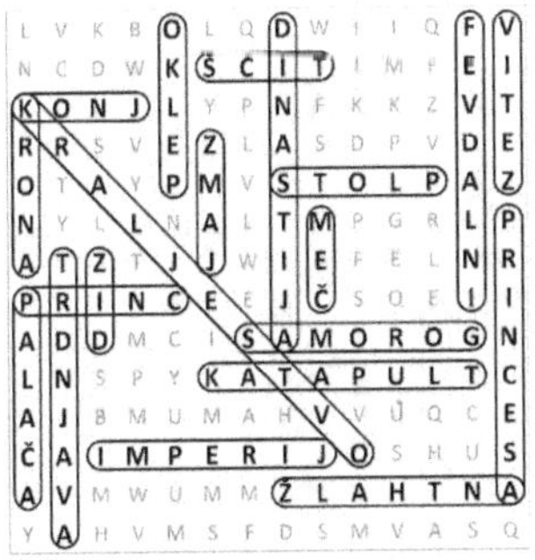

82 - Campionato

83 - Foresta Pluviale

84 - Edifici

85 - Paesi #2

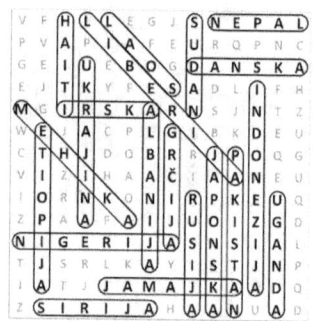

86 - Tipi di Capelli

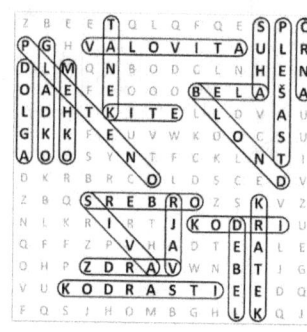

87 - Vestiti

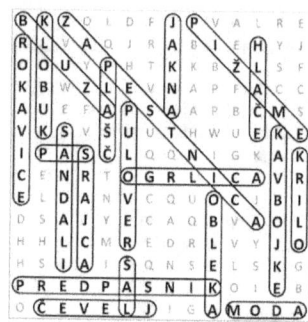

88 - Attività e Tempo Libero

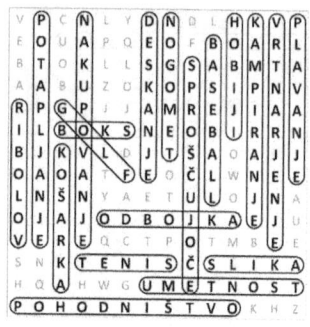

89 - Tecnologia

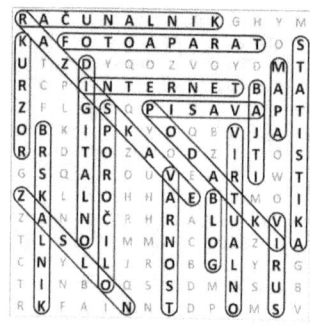

90 - Arte

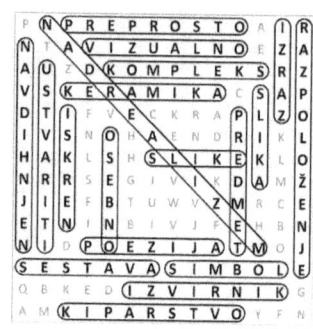

91 - Meteo

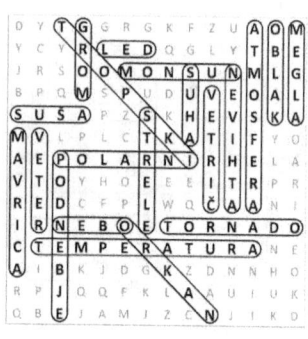

92 - Corpo Umano

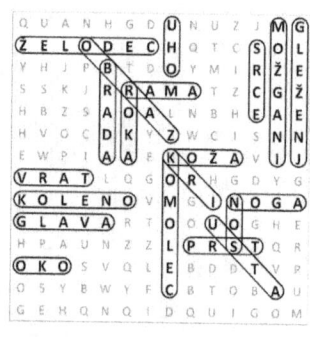

93 - Mammiferi

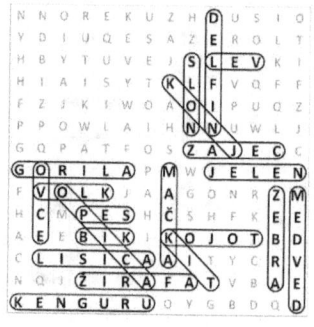

94 - Arrampicata

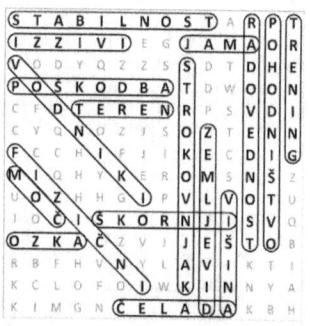

95 - Animali Domestici

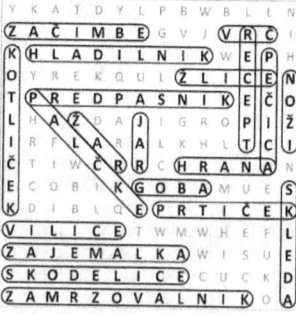

96 - Cucina

97 - Vacanze #2

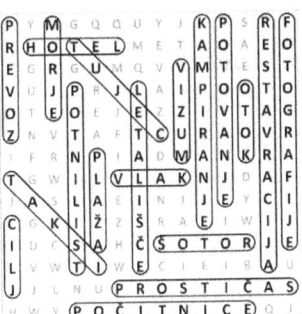

98 - Attività

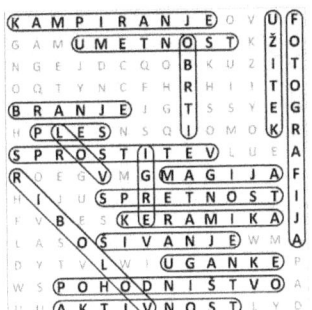

99 - Forniture Artistiche

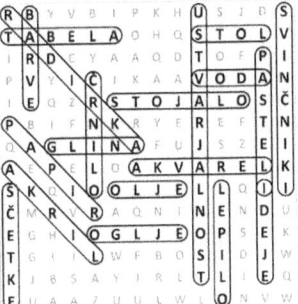

100 - Misurazioni

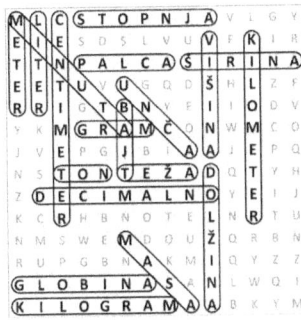

Dizionario

Acqua
Voda

Alluvione	Poplava
Canale	Kanal
Doccia	Prha
Evaporazione	Izparevanje
Fiume	Reka
Gelo	Zmrzal
Geyser	Gejzir
Ghiaccio	Led
Irrigazione	Namakanje
Lago	Jezero
Monsone	Monsun
Neve	Sneg
Oceano	Ocean
Onde	Valovi
Pioggia	Dež
Potabile	Pitno
Umidità	Vlaga
Umido	Vlažno
Uragano	Orkan
Vapore	Para

Aeroplani
Letala

Altezza	Višina
Aria	Zrak
Atmosfera	Atmosfera
Atterraggio	Pristanek
Avventura	Pustolovščina
Carburante	Gorivo
Cielo	Nebo
Costruzione	Gradnja
Design	Dizajn
Direzione	Smer
Discesa	Sestop
Equipaggio	Posadka
Gonfiare	Napihni
Idrogeno	Vodik
Motore	Motor
Palloncino	Balon
Passeggero	Potnik
Pilota	Pilot
Storia	Zgodovina
Turbolenza	Turbulenca

Aggettivi #1
Pridevniki #1

Ambizioso	Ambiciozen
Aromatico	Aromatično
Artistico	Umetniška
Assoluto	Absolutno
Attivo	Aktivno
Enorme	Ogromno
Esotico	Eksotično
Generoso	Velikodušen
Giovane	Mlad
Grande	Velik
Identico	Identično
Importante	Pomembno
Lento	Počasen
Lungo	Dolga
Moderno	Moderno
Onesto	Iskren
Perfetto	Popoln
Pesante	Težka
Prezioso	Vredno
Sottile	Tanek

Aggettivi #2
Pridevniki #2

Affamato	Lačni
Asciutto	Suha
Autentico	Verodostojno
Creativo	Kreativno
Descrittivo	Opisno
Dolce	Sladko
Drammatico	Dramatično
Elegante	Elegantno
Famoso	Slaven
Forte	Močno
Interessante	Zanimivo
Naturale	Naravni
Normale	Normalno
Nuovo	Novo
Orgoglioso	Ponosen
Produttivo	Produktivno
Puro	Čista
Responsabile	Odgovoren
Salato	Slan
Sano	Zdrav

Animali Domestici
Hišni Ljubljenčki

Acqua	Voda
Cane	Pes
Capra	Koza
Cibo	Hrana
Coda	Rep
Collare	Ovratnik
Coniglio	Zajec
Criceto	Hrček
Cucciolo	Kužek
Gattino	Mucka
Gatto	Mačka
Guinzaglio	Povodec
Lucertola	Kuščar
Mucca	Krava
Pappagallo	Papiga
Pesce	Ribe
Tartaruga	Želva
Topo	Miš
Veterinario	Veterinar
Zampe	Tace

Antartide
Antarktika

Acqua	Voda
Ambiente	Okolje
Baia	Zaliv
Balene	Kiti
Conservazione	Ohranjanje
Continente	Celina
Geografia	Geografija
Ghiacciai	Ledeniki
Ghiaccio	Led
Isole	Otoki
Migrazione	Migracija
Minerali	Minerali
Nuvole	Oblaki
Penisola	Polotok
Ricercatore	Raziskovalec
Roccioso	Skalnata
Scientifico	Znanstveni
Spedizione	Ekspedicija
Temperatura	Temperatura
Topografia	Topografija

Api
Čebele

Ali	Krila
Alveare	Panj
Benefico	Koristno
Cera	Vosek
Cibo	Hrana
Diversità	Raznolikost
Ecosistema	Ekosistem
Fiori	Cvetje
Fiorire	Cvet
Frutta	Sadje
Fumo	Dim
Giardino	Vrt
Habitat	Habitat
Insetto	Žuželke
Miele	Med
Piante	Rastline
Polline	Cvetni Prah
Regina	Kraljica
Sciame	Roj
Sole	Sonce

Arrampicata
Plezanje

Altitudine	Višina
Atmosfera	Atmosfera
Casco	Čelada
Curiosità	Radovednost
Escursioni	Pohodništvo
Esperto	Strokovnjak
Fisico	Fizični
Formazione	Trening
Forza	Moč
Grotta	Jama
Guanti	Rokavice
Guide	Vodniki
Lesione	Poškodba
Mappa	Zemljevid
Sfide	Izzivi
Stabilità	Stabilnost
Stivali	Škornji
Stretto	Ozka
Terreno	Teren

Arte
Umetnost

Ceramica	Keramika
Complesso	Kompleks
Composizione	Sestava
Creare	Ustvariti
Dipinti	Slike
Espressione	Izraz
Figura	Slika
Ispirato	Navdihnjen
Onesto	Iskren
Originale	Izvirnik
Personale	Osebno
Poesia	Poezija
Scultura	Kiparstvo
Semplice	Preprosto
Simbolo	Simbol
Soggetto	Predmet
Surrealismo	Nadrealizem
Umore	Razpoloženje
Visivo	Vizualno

Arti Visive
Vizualne Umetnosti

Architettura	Arhitektura
Argilla	Glina
Artista	Umetnik
Capolavoro	Mojstrovina
Carbone	Oglje
Cavalletto	Stojalo
Cera	Vosek
Ceramica	Keramika
Composizione	Sestava
Creatività	Ustvarjalnost
Film	Film
Fotografia	Fotografija
Gesso	Kreda
Matita	Svinčnik
Penna	Pen
Pittura	Slika
Prospettiva	Perspektiva
Ritratto	Portret
Scultura	Skulptura
Vernice	Lak

Astronomia
Astronomija

Asteroide	Asteroid
Astronauta	Astronavt
Astronomo	Astronom
Cielo	Nebo
Cosmo	Kozmos
Costellazione	Ozvezdje
Equinozio	Enakonočje
Galassia	Galaksija
Gravità	Gravitacija
Luna	Luna
Meteora	Meteor
Nebulosa	Meglica
Osservatorio	Observatorij
Pianeta	Planet
Radiazione	Sevanje
Razzo	Raketa
Supernova	Supernova
Telescopio	Teleskop
Terra	Zemlja
Universo	Vesolje

Attività
Dejavnosti

Abilità	Spretnost
Arte	Umetnost
Artigianato	Obrti
Attività	Aktivnost
Caccia	Lov
Campeggio	Kampiranje
Ceramica	Keramika
Cucire	Šivanje
Danza	Ples
Escursioni	Pohodništvo
Fotografia	Fotografija
Giardinaggio	Vrtnarjenje
Giochi	Igre
Lettura	Branje
Magia	Magija
Pesca	Ribolov
Piacere	Užitek
Puzzle	Uganke
Rilassamento	Sprostitev
Tempo Libero	Prosti Čas

Attività e Tempo Libero
Aktivnosti in Prosti Čas

Arte	Umetnost
Baseball	Baseball
Basket	Košarka
Boxe	Boks
Calcio	Nogomet
Campeggio	Kampiranje
Escursioni	Pohodništvo
Giardinaggio	Vrtnarjenje
Golf	Golf
Hobby	Hobiji
Immersione	Potapljanje
Nuoto	Plavanje
Pallavolo	Odbojka
Pesca	Ribolov
Pittura	Slika
Rilassante	Sproščujoče
Shopping	Nakupovanje
Surf	Deskanje
Tennis	Tenis
Viaggio	Potovanje

Avventura
Pustolovščina

Amici	Prijatelji
Attività	Aktivnost
Bellezza	Lepota
Coraggio	Pogum
Destinazione	Cilj
Difficoltà	Težavnost
Entusiasmo	Navdušenje
Escursione	Izlet
Gioia	Veselje
Insolito	Nenavadno
Itinerario	Itinerar
Natura	Narava
Navigazione	Navigacija
Nuovo	Novo
Opportunità	Priložnost
Pericoloso	Nevarno
Preparazione	Priprava
Sfide	Izzivi
Sicurezza	Varnost
Viaggi	Potovanja

Bagno
Kopalnica

Acqua	Voda
Asciugamano	Brisača
Bagno	Kopel
Bolle	Mehurčki
Doccia	Tuš
Forbici	Škarje
Gabinetto	Stranišče
Lozione	Losjon
Profumo	Parfum
Rubinetto	Pipa
Sapone	Milo
Shampoo	Šampon
Specchio	Ogledalo
Spugna	Goba
Tappeto	Preproga
Vapore	Para

Balletto
Balet

Abilità	Spretnost
Applauso	Aplavz
Artistico	Umetniška
Ballerina	Balerina
Ballerini	Plesalci
Compositore	Skladatelj
Coreografia	Koreografija
Espressivo	Izrazno
Gesto	Gesta
Intensità	Intenzivnost
Lezioni	Lekcije
Muscoli	Mišice
Musica	Glasba
Orchestra	Orkester
Prova	Vaja
Pubblico	Občinstvo
Ritmo	Ritem
Stile	Slog
Tecnica	Tehnika

Barbecue
Ražnji

Caldo	Vroče
Cena	Večerja
Cibo	Hrana
Cipolle	Čebula
Coltelli	Noži
Estate	Poletje
Fame	Lakota
Famiglia	Družina
Frutta	Sadje
Giochi	Igre
Griglia	Žar
Insalate	Solate
Invito	Vabilo
Musica	Glasba
Pepe	Poper
Pollo	Piščanec
Pomodori	Paradižnik
Pranzo	Kosilo
Sale	Sol
Salsa	Omaka

Campeggio
Kampiranje

Alberi	Drevesa
Amaca	Viseča Mreža
Animali	Živali
Avventura	Pustolovščina
Bussola	Kompas
Cabina	Kabina
Caccia	Lov
Canoa	Kanu
Cappello	Klobuk
Corda	Vrv
Divertimento	Zabavno
Foresta	Gozd
Fuoco	Požar
Insetto	Žuželke
Lago	Jezero
Luna	Luna
Mappa	Zemljevid
Montagna	Gora
Natura	Narava
Tenda	Šotor

Campionato
Prvenstvo

Allenatore	Trener
Campionato	Prvenstvo
Campione	Prvak
Finalista	Finalist
Giochi	Igre
Giudice	Sodnik
Lega	Liga
Medaglia	Medalja
Motivazione	Motivacija
Prestazione	Izvedba
Resistenza	Vzdržljivost
Sportivo	Šport
Squadra	Ekipa
Strategia	Strategija
Sudore	Znoj
Torneo	Turnir
Vittoria	Zmaga

Casa
Hiša

Attico	Podstrešje
Biblioteca	Knjižnica
Camera	Soba
Camino	Kamin
Cucina	Kuhinja
Doccia	Tuš
Finestra	Okno
Garage	Garaža
Giardino	Vrt
Lampada	Svetilka
Parete	Zid
Pavimento	Tla
Porta	Vrata
Recinto	Ograja
Rubinetto	Pipa
Scopa	Metla
Soffitto	Strop
Specchio	Ogledalo
Tappeto	Preproga
Tetto	Streha

Castelli
Gradovi

Armatura	Oklep
Catapulta	Katapult
Cavaliere	Vitez
Cavallo	Konj
Corona	Krona
Dinastia	Dinastija
Drago	Zmaj
Feudale	Fevdalni
Fortezza	Trdnjava
Impero	Imperij
Nobile	Žlahtna
Palazzo	Palača
Parete	Zid
Principe	Princ
Principessa	Princesa
Regno	Kraljestvo
Scudo	Ščit
Spada	Meč
Torre	Stolp
Unicorno	Samorog

Cibo #1
Hrana #1

Aglio	Česen
Basilico	Bazilika
Cannella	Cimet
Carne	Meso
Carota	Korenje
Cipolla	Čebula
Fragola	Jagoda
Insalata	Solata
Latte	Mleko
Limone	Limona
Menta	Meta
Orzo	Ječmen
Pera	Hruška
Rapa	Repa
Sale	Sol
Spinaci	Špinača
Succo	Sok
Tonno	Tuna
Torta	Torta
Zucchero	Sladkor

Cibo #2
Hrana #2

Banana	Banana
Broccolo	Brokoli
Ciliegia	Češnja
Cioccolato	Čokolada
Formaggio	Sir
Fungo	Goba
Grano	Pšenica
Kiwi	Kivi
Mela	Jabolko
Melanzana	Jajčevec
Pane	Kruh
Pesce	Ribe
Pollo	Piščanec
Pomodoro	Paradižnik
Prosciutto	Šunka
Riso	Riž
Sedano	Zelena
Uovo	Jajce
Uva	Grozdje
Yogurt	Jogurt

Cioccolato
Čokolada

Amaro	Grenko
Antiossidante	Antioksidant
Arachidi	Arašidi
Aroma	Aroma
Cacao	Cacao
Calorie	Kalorij
Caramella	Sladkarije
Caramello	Karamela
Delizioso	Odlično
Dolce	Sladko
Esotico	Eksotično
Gusto	Okus
Ingrediente	Sestavina
Mangiare	Jesti
Noce di Cocco	Kokos
Polvere	Prah
Preferito	Najljubši
Qualità	Kakovost
Ricetta	Recept
Zucchero	Sladkor

Circo
Cirkus.

Acrobata	Akrobat
Animali	Živali
Biglietto	Vozovnica
Caramella	Sladkarije
Clown	Klovn
Costume	Kostum
Elefante	Slon
Giocoliere	Žongler
Leone	Lev
Magia	Magija
Mago	Čarovnik
Musica	Glasba
Palloncini	Baloni
Parata	Parada
Scimmia	Opica
Spettacolare	Spektakularno
Spettatore	Gledalec
Tenda	Šotor
Tigre	Tiger
Trucco	Trik

Città
Mesto

Aeroporto	Letališče
Banca	Banka
Biblioteca	Knjižnica
Cinema	Kino
Clinica	Klinika
Farmacia	Lekarna
Fiorista	Cvetličar
Galleria	Galerija
Hotel	Hotel
Libreria	Knjigarna
Mercato	Trg
Museo	Muzej
Negozio	Trgovina
Panetteria	Pekarna
Scuola	Šola
Stadio	Stadion
Supermercato	Supermarket
Teatro	Gledališče
Università	Univerza
Zoo	Živalski Vrt

Colori
Barve

Arancia	Oranžna
Beige	Bež
Bianco	Bela
Blu	Modra
Ciano	Sinja
Cremisi	Crimson
Fucsia	Fuksija
Giallo	Rumena
Grigio	Siva
Indaco	Indigo
Magenta	Magenta
Marrone	Rjav
Nero	Črna
Rosa	Roza
Rosso	Rdeča
Seppia	Sepia
Verde	Zelena
Viola	Vijolična

Commedia
Komedija

Applauso	Aplavz
Attore	Igralec
Attrice	Igralka
Clown	Klovni
Divertente	Smešno
Divertimento	Zabavno
Espressivo	Izrazno
Genere	Žanr
Improvvisazione	Improvizacija
Parodia	Parodija
Pubblico	Občinstvo
Risata	Smeh
Scherzi	Šale
Teatro	Gledališče
Televisione	Televizija
Umorismo	Humor

Compleanno
Rojstni Dan

Amici	Prijatelji
Anno	Leto
Calendario	Koledar
Candele	Sveče
Canzone	Pesem
Carte	Karte
Celebrazione	Praznovanje
Divertimento	Zabavno
Felice	Vesel
Gioioso	Veselo
Giorno	Dan
Giovane	Mlad
Grande	Super
Inviti	Vabila
Nato	Rojen
Regalo	Darilo
Saggezza	Modrost
Speciale	Poseben
Tempo	Čas
Torta	Torta

Conservazione
Ohranjanje

Acqua	Voda
Ambientale	Okoljski
Cambiamenti	Spremembe
Ciclo	Cikel
Clima	Podnebje
Ecosistema	Ekosistem
Educazione	Izobraževanje
Habitat	Habitat
Inquinamento	Onesnaževanje
Naturale	Naravni
Organico	Organski
Pesticida	Pesticid
Preoccupazione	Skrb
Riciclare	Recikliraj
Ridurre	Zmanjšaj
Salute	Zdravje
Sostenibile	Trajnostno
Verde	Zelena
Volontario	Prostovoljec

Corpo Umano
Človeško Telo

Bocca	Usta
Caviglia	Gleženj
Cervello	Možgani
Collo	Vrat
Cuore	Srce
Dito	Prst
Faccia	Obraz
Gamba	Noga
Ginocchio	Koleno
Gomito	Komolec
Mano	Roka
Mento	Brada
Naso	Nos
Occhio	Oko
Orecchio	Uho
Pelle	Koža
Sangue	Kri
Spalla	Rama
Stomaco	Želodec
Testa	Glava

Cucina
Kuhinja

Bacchette	Palčke
Bollitore	Kotliček
Brocca	Vrč
Cibo	Hrana
Ciotola	Skleda
Coltelli	Noži
Congelatore	Zamrzovalnik
Cucchiai	Žlice
Forchette	Vilice
Forno	Pečica
Frigorifero	Hladilnik
Grembiule	Predpasnik
Griglia	Žar
Mestolo	Zajemalka
Ricetta	Recept
Spezie	Začimbe
Spugna	Goba
Tazze	Skodelice
Tovagliolo	Prtiček
Vaso	Jar

Danza
Pleši

Accademia	Akademija
Arte	Umetnost
Classico	Klasična
Compagno	Partner
Coreografia	Koreografija
Corpo	Telo
Cultura	Kultura
Culturale	Kulturni
Emozione	Čustvo
Espressivo	Izrazno
Gioioso	Veselo
Grazia	Milost
Movimento	Gibanje
Musica	Glasba
Postura	Drža
Prova	Vaja
Ritmo	Ritem
Tradizionale	Tradicionalno
Visivo	Vizualno

Dinosauri
Dinozavri.

Ali	Krila
Carnivoro	Mesojed
Coda	Rep
Enorme	Ogromno
Erbivoro	Rastlinojed
Evoluzione	Evolucija
Fossili	Fosili
Grande	Velik
Mammut	Mamut
Onnivoro	Vsejedec
Potente	Močan
Preda	Plen
Preistorico	Prazgodovine
Rapace	Raptor
Rettile	Plazilec
Scomparsa	Izginotje
Specie	Vrste
Taglia	Velikost
Terra	Zemlja
Vizioso	Zlobni

Discipline Scientifiche
Znanstvene Discipline

Anatomia	Anatomija
Archeologia	Arheologija
Astronomia	Astronomija
Biochimica	Biokemija
Biologia	Biologija
Botanica	Botanika
Chimica	Kemija
Ecologia	Ekologija
Fisiologia	Fiziologija
Geologia	Geologija
Immunologia	Imunologija
Linguistica	Jezikoslovje
Meccanica	Mehanika
Meteorologia	Meteorologija
Mineralogia	Mineralogija
Neurologia	Nevrologija
Psicologia	Psihologija
Sociologia	Sociologija
Termodinamica	Termodinamika
Zoologia	Zoologija

Ecologia
Ekologija

Clima	Podnebje
Comunità	Skupnosti
Diversità	Raznolikost
Fauna	Favna
Flora	Flora
Globale	Globalno
Habitat	Habitat
Marino	Morski
Natura	Narava
Naturale	Naravni
Palude	Močvirje
Piante	Rastline
Risorse	Viri
Siccità	Suša
Sopravvivenza	Preživetje
Sostenibile	Trajnostno
Specie	Vrste
Varietà	Sorta
Vegetazione	Vegetacija
Volontari	Prostovoljci

Edifici
Zgradbe

Appartamento	Stanovanje
Cabina	Kabina
Castello	Grad
Cinema	Kino
Fabbrica	Tovarna
Fattoria	Kmetija
Fienile	Skedenj
Hotel	Hotel
Laboratorio	Laboratorij
Museo	Muzej
Ospedale	Bolnišnica
Osservatorio	Observatorij
Ostello	Hostel
Scuola	Šola
Stadio	Stadion
Supermercato	Supermarket
Teatro	Gledališče
Tenda	Šotor
Torre	Stolp
Università	Univerza

Emozioni
Čustva

Amore	Ljubezen
Beatitudine	Blaženost
Calma	Miren
Contenuto	Vsebina
Eccitato	Navdušen
Gentilezza	Prijaznost
Gioia	Veselje
Grato	Hvaležen
Noia	Dolgčas
Pace	Mir
Paura	Strah
Rabbia	Jeza
Rilassato	Sproščen
Rilievo	Relief
Simpatia	Sočutje
Soddisfatto	Zadovoljni
Sorpresa	Presenečenje
Tenerezza	Nežnost
Tranquillità	Spokojnost
Tristezza	Žalost

Erboristeria
Zeliščarstvo

Aglio	Česen
Aneto	Koper
Aromatico	Aromatično
Basilico	Bazilika
Culinario	Kulinarika
Dragoncello	Pehtran
Finocchio	Koromač
Fiore	Cvet
Giardino	Vrt
Ingrediente	Sestavina
Lavanda	Sivka
Maggiorana	Majaron
Menta	Meta
Origano	Origano
Prezzemolo	Peteršilj
Qualità	Kakovost
Rosmarino	Rožmarin
Timo	Timijan
Verde	Zelena
Zafferano	Žafran

Escursionismo
Pohodništvo

Acqua	Voda
Animali	Živali
Campeggio	Kampiranje
Clima	Podnebje
Guide	Vodniki
Mappa	Zemljevid
Montagna	Gora
Natura	Narava
Orientamento	Orientacija
Parchi	Parki
Pericoli	Nevarnosti
Pesante	Težka
Pietre	Kamni
Preparazione	Priprava
Selvaggio	Divji
Sole	Sonce
Stanco	Utrujen
Stivali	Škornji
Vertice	Vrh
Zanzare	Komarji

Esplorazione
Raziskovanje

Animali	Živali
Attività	Aktivnost
Coraggio	Pogum
Culture	Kulture
Determinazione	Odločnost
Eccitazione	Vznemirjenje
Esaurimento	Izčrpanje
Lingua	Jezik
Nuovo	Novo
Pericoli	Nevarnosti
Pericoloso	Nevarno
Sconosciuto	Neznano
Scoperta	Odkritje
Selvaggio	Divji
Spazio	Prostor
Terreno	Teren
Viaggio	Potovanje

Estate
Poletje

Amici	Prijatelji
Campeggio	Kampiranje
Cibo	Hrana
Famiglia	Družina
Giardino	Vrt
Giochi	Igre
Gioia	Veselje
Immersione	Potapljanje
Libri	Knjige
Mare	Morje
Musica	Glasba
Ricordi	Spomini
Rilassamento	Sprostitev
Sandali	Sandali
Spiaggia	Plaža
Stelle	Zvezde
Tempo Libero	Prosti Čas
Vacanza	Dopust
Viaggio	Potovanje

Famiglia
Družinska

Antenato	Prednik
Bambini	Otroci
Bambino	Otrok
Cugino	Bratranec
Figlia	Hči
Fratello	Brat
Infanzia	Otroštvo
Madre	Mati
Marito	Mož
Materno	Materna
Moglie	Žena
Nipote	Nečak
Nipote	Vnuk
Nonna	Babica
Nonno	Dedek
Padre	Oče
Paterno	Očetovski
Sorella	Sestra
Zia	Teta
Zio	Stric

Fantascienza
Znanstvena Fantastika.

Atomico	Atomski
Cinema	Kino
Distopia	Distopija
Esplosione	Eksplozija
Estremo	Ekstremno
Fantastico	Fantastično
Fuoco	Požar
Futuristico	Futuristično
Galassia	Galaksija
Illusione	Iluzija
Immaginario	Imaginarno
Libri	Knjige
Misterioso	Skrivnostno
Mondo	Svet
Oracolo	Orakelj
Pianeta	Planet
Realistico	Realističen
Robot	Roboti
Tecnologia	Tehnologija
Utopia	Utopija

Fattoria #1
Kmetija #1

Acqua	Voda
Agricoltura	Kmetijstvo
Ape	Čebela
Asino	Osel
Campo	Polje
Cane	Pes
Capra	Koza
Cavallo	Konj
Fertilizzante	Gnojilo
Fieno	Seno
Gatto	Mačka
Gregge	Jata
Maiale	Prašič
Miele	Med
Mucca	Krava
Pollo	Piščanec
Recinto	Ograja
Riso	Riž
Semi	Semena
Vitello	Tele

Fattoria #2
Kmetija #2

Agnello	Jagnjetina
Agricoltore	Kmet
Alveare	Panj
Anatra	Raca
Animali	Živali
Cibo	Hrana
Fienile	Skedenj
Frutta	Sadje
Frutteto	Sadovnjak
Grano	Pšenica
Irrigazione	Namakanje
Lama	Lama
Latte	Mleko
Mais	Koruza
Oche	Gosi
Orzo	Ječmen
Pastore	Pastir
Pecora	Ovce
Prato	Travnik
Trattore	Traktor

Fiori
Cvetovi

Dente di Leone	Regrat
Gardenia	Gardenija
Gelsomino	Jasmina
Giglio	Lija
Girasole	Sončnica
Ibisco	Hibiskus
Lavanda	Sivka
Lilla	Lila
Magnolia	Magnolija
Margherita	Marjetica
Mazzo	Šopek
Orchidea	Orhideja
Papavero	Mak
Passiflora	Pasijonka
Peonia	Potonika
Petalo	Cvetni List
Plumeria	Plumeria
Rosa	Vrtnica
Trifoglio	Detelja
Tulipano	Tulipan

Foresta Pluviale
Deževni Gozd

Anfibi	Dvoživke
Botanico	Botanični
Clima	Podnebje
Comunità	Skupnost
Diversità	Raznolikost
Giungla	Džungla
Indigeno	Avtohtona
Insetti	Žuželke
Mammiferi	Sesalci
Muschio	Mah
Natura	Narava
Nuvole	Oblaki
Preservazione	Ohranjanje
Prezioso	Vredno
Restauro	Obnova
Rifugio	Zatočišče
Rispetto	Spoštovanje
Sopravvivenza	Preživetje
Specie	Vrste
Uccelli	Ptice

Forme
Oblike

Angolo	Vogal
Arco	Lok
Bordi	Robovi
Cerchio	Krog
Cilindro	Valj
Cono	Stožec
Cubo	Kocka
Curva	Krivulja
Ellisse	Elipsa
Iperbole	Hiperbola
Lato	Stran
Linea	Črta
Ovale	Ovalna
Piramide	Piramida
Poligono	Poligon
Prisma	Prizmo
Quadrato	Kvadrat
Rettangolo	Pravokotnik
Sfera	Sfera
Triangolo	Trikotnik

Forniture Artistiche
Potrebščine za Umetnine

Acqua	Voda
Acquerelli	Akvarel
Acrilico	Akril
Argilla	Glina
Carbone	Oglje
Carta	Papir
Cavalletto	Stojalo
Colla	Lepilo
Colori	Barve
Creatività	Ustvarjalnost
Gomma	Radirka
Idee	Ideje
Inchiostro	Črnilo
Matite	Svinčniki
Olio	Olje
Pastelli	Pasteli
Sedia	Stol
Spazzole	Ščetke
Tavolo	Tabela
Telecamera	Fotoaparat

Frutta
Sadje

Albicocca	Marelica
Ananas	Ananas
Arancia	Oranžna
Avocado	Avokado
Bacca	Jagodičje
Banana	Banana
Ciliegia	Češnja
Kiwi	Kivi
Lampone	Malina
Limone	Limona
Mango	Mango
Mela	Jabolko
Melone	Melona
Mora	Robida
Nettarina	Nektarin
Papaia	Papaja
Pera	Hruška
Pesca	Breskev
Prugna	Sliva
Uva	Grozdje

Gatti
Mačke

Cacciatore	Lovec
Coda	Rep
Curioso	Radoveden
Divertente	Smešno
Dormire	Spanje
Filo	Preja
Giocoso	Igriv
Indipendente	Neodvisna
Pazzo	Noro
Pelliccia	Krzno
Personalità	Osebnost
Poco	Malo
Selvaggio	Divji
Timido	Sramežljiv
Topo	Miš
Veloce	Hitro
Zampa	Šapa

Geografia
Geografija

Altitudine	Višina
Atlante	Atlas
Città	Mesto
Continente	Celina
Emisfero	Polobla
Equatore	Ekvator
Fiume	Reka
Isola	Otok
Mappa	Zemljevid
Mare	Morje
Meridiano	Poldnevnik
Mondo	Svet
Montagna	Gora
Nord	Sever
Oceano	Ocean
Ovest	Zahod
Paese	Država
Regione	Regija
Sud	Jug
Territorio	Ozemlje

Geologia
Geologija

Acido	Kislina
Altopiano	Plato
Calcio	Kalcij
Caverna	Votlina
Continente	Celina
Corallo	Korale
Cristalli	Kristali
Erosione	Erozija
Fossile	Fosil
Geyser	Gejzir
Lava	Lava
Minerali	Minerali
Pietra	Kamen
Quarzo	Kremen
Sale	Sol
Stalagmiti	Stalagmiti
Stalattite	Stalaktit
Strato	Plast
Terremoto	Potres
Vulcano	Vulkan

Giardino
Vrt

Albero	Drevo
Amaca	Viseča Mreža
Cespuglio	Grm
Erba	Trava
Erbacce	Plevel
Fiore	Cvet
Frutteto	Sadovnjak
Garage	Garaža
Giardino	Vrt
Pala	Lopata
Panca	Klop
Portico	Veranda
Prato	Trata
Rastrello	Grablje
Recinto	Ograja
Stagno	Ribnik
Suolo	Prst
Terrazza	Terasa
Trampolino	Trampolin
Tubo	Cev

Giocattoli
Igrače

Aereo	Letalo
Aquilone	Kite
Argilla	Glina
Artigianato	Obrti
Auto	Avto
Bambola	Lutka
Barca	Čoln
Batteria	Bobni
Bicicletta	Kolo
Camion	Tovornjak
Giochi	Igre
Immaginazione	Domišljija
Libri	Knjige
Palla	Žoga
Preferito	Najljubši
Puzzle	Uganka
Robot	Robot
Scacchi	Šah
Treno	Vlak
Vernici	Barve

Giorni e Mesi
Dnevi in Meseci

Agosto	Avgust
Anno	Leto
Aprile	April
Calendario	Koledar
Dicembre	December
Domenica	Nedelja
Febbraio	Februar
Gennaio	Januar
Giugno	Junij
Luglio	Julij
Lunedì	Ponedeljek
Martedì	Torek
Mercoledì	Sreda
Mese	Mesec
Novembre	November
Ottobre	Oktober
Sabato	Sobota
Settembre	September
Settimana	Teden
Venerdì	Petek

Guida
Vožnja

Auto	Avto
Autobus	Avtobus
Carburante	Gorivo
Freni	Zavore
Garage	Garaža
Gas	Plin
Incidente	Nesreča
Licenza	Licenca
Mappa	Zemljevid
Moto	Motocikel
Motore	Motor
Pedonale	Pešec
Pericolo	Nevarnost
Polizia	Policija
Sicurezza	Varnost
Strada	Cesta
Traffico	Promet
Trasporto	Prevoz
Tunnel	Tunel
Velocità	Hitrost

Imbarcazioni
Čolni

Albero	Jambor
Ancora	Sidro
Barca a Vela	Jadrnica
Boa	Boja
Canoa	Kanu
Corda	Vrv
Equipaggio	Posadka
Fiume	Reka
Kayak	Kajak
Lago	Jezero
Mare	Morje
Marea	Plima
Marinaio	Mornar
Motore	Motor
Nautico	Navtično
Oceano	Ocean
Onde	Valovi
Traghetto	Trajekt
Yacht	Jahta
Zattera	Splav

Insetti
Žuželke

Afide	Listna Uš
Ape	Čebela
Calabrone	Sršen
Cavalletta	Kobilica
Cicala	Škržat
Coccinella	Pikapolonica
Coleottero	Hrošč
Falena	Molj
Farfalla	Metulj
Formica	Mravlja
Larva	Ličinka
Libellula	Kačji Pastir
Mantide	Mantis
Moscerino	Gnat
Pulce	Bolha
Scarafaggio	Ščurek
Termite	Termit
Verme	Črv
Vespa	Osa
Zanzara	Komar

Letteratura
Literatura

Analisi	Analiza
Analogia	Analogija
Aneddoto	Anekdota
Autore	Avtor
Biografia	Biografija
Conclusione	Sklep
Confronto	Primerjava
Descrizione	Opis
Dialogo	Dialog
Genere	Žanr
Metafora	Metafora
Opinione	Mnenje
Poesia	Pesem
Poetico	Poetično
Rima	Rima
Ritmo	Ritem
Romanzo	Roman
Stile	Slog
Tema	Tema
Tragedia	Tragedija

Libri
Knjige

Autore	Avtor
Avventura	Pustolovščina
Collezione	Zbirka
Contesto	Kontekst
Dualità	Dvojnost
Epico	Epski
Immersione	Potopitev
Inventivo	Iznajdljiv
Letterario	Literarno
Lettore	Bralec
Pagina	Stran
Poesia	Pesem
Rilevante	Relevantno
Romanzo	Roman
Scritto	Pisno
Serie	Serija
Storia	Zgodba
Storico	Zgodovinski
Tragico	Tragično
Umoristico	Šaljiv

Mammiferi
Sesalci

Balena	Kit
Cane	Pes
Canguro	Kenguru
Cavallo	Konj
Cervo	Jelen
Coniglio	Zajec
Coyote	Kojot
Delfino	Delfin
Elefante	Slon
Gatto	Mačka
Giraffa	Žirafa
Gorilla	Gorila
Leone	Lev
Lupo	Volk
Orso	Medved
Pecora	Ovce
Scimmia	Opica
Toro	Bik
Volpe	Lisica
Zebra	Zebra

Matematica
Matematika

Angoli	Koti
Aritmetica	Aritmetika
Circonferenza	Obod
Decimale	Decimalno
Diametro	Premer
Equazione	Enačba
Esponente	Eksponent
Frazione	Ulomek
Geometria	Geometrija
Parallelo	Vzporedno
Parallelogramma	Paralelogram
Perimetro	Obseg
Perpendicolare	Pravokotno
Poligono	Poligon
Quadrato	Kvadrat
Raggio	Polmer
Rettangolo	Pravokotnik
Simmetria	Simetrija
Somma	Vsota
Triangolo	Trikotnik

Meditazione
Meditacija.

Accettazione	Sprejem
Attenzione	Pozornost
Calma	Miren
Chiarezza	Jasnost
Compassione	Sočutje
Emozioni	Čustva
Gentilezza	Prijaznost
Gratitudine	Hvaležnost
Mentale	Duševno
Mente	Um
Movimento	Gibanje
Musica	Glasba
Natura	Narava
Osservazione	Opazovanje
Pace	Mir
Pensieri	Misli
Postura	Drža
Prospettiva	Perspektiva
Respirazione	Dihanje
Silenzio	Tišina

Meteo
Vreme

Arcobaleno	Mavrica
Asciutto	Suha
Atmosfera	Atmosfera
Brezza	Vetrič
Cielo	Nebo
Clima	Podnebje
Fulmine	Strele
Ghiaccio	Led
Monsone	Monsun
Nebbia	Megla
Nube	Oblak
Polare	Polarni
Siccità	Suša
Temperatura	Temperatura
Tempesta	Nevihta
Tornado	Tornado
Tropicale	Tropski
Tuono	Grom
Uragano	Orkan
Vento	Veter

Misurazioni
Meritve

Altezza	Višina
Byte	Bajt
Centimetro	Centimeter
Chilogrammo	Kilogram
Chilometro	Kilometer
Decimale	Decimalno
Grado	Stopnja
Grammo	Gram
Larghezza	Širina
Litro	Liter
Lunghezza	Dolžina
Massa	Masa
Metro	Meter
Minuto	Minuta
Oncia	Unča
Peso	Teža
Pollice	Palca
Profondità	Globina
Tonnellata	Ton

Mitologia
Mitologija

Archetipo	Arhetip
Comportamento	Vedenje
Creatura	Bitje
Creazione	Ustvarjanje
Cultura	Kultura
Disastro	Katastrofa
Divinità	Božanstva
Eroe	Junak
Forza	Moč
Fulmine	Strele
Gelosia	Ljubosumje
Guerriero	Bojevnik
Immortalità	Nesmrtnost
Labirinto	Labirint
Leggenda	Legenda
Magico	Čarobno
Mortale	Smrtni
Mostro	Pošast
Tuono	Grom
Vendetta	Maščevanje

Natura
Narava

Animali	Živali
Api	Čebele
Artico	Arktika
Bellezza	Lepota
Deserto	Puščava
Dinamico	Dinamično
Erosione	Erozija
Fiume	Reka
Fogliame	Listje
Foresta	Gozd
Ghiacciaio	Ledenik
Montagne	Gore
Nebbia	Megla
Nuvole	Oblaki
Santuario	Svetišče
Selvaggio	Divji
Sereno	Vedro
Tropicale	Tropski

Numeri
Številke

Cinque	Pet
Decimale	Decimalno
Diciannove	Devetnajst
Diciassette	Sedemnajst
Diciotto	Osemnajst
Dieci	Deset
Dodici	Dvanajst
Due	Dva
Nove	Devet
Otto	Osem
Quattordici	Štirinajst
Quattro	Štiri
Quindici	Petnajst
Sedici	Šestnajst
Sei	Šest
Sette	Sedem
Tre	Tri
Tredici	Trinajst
Venti	Dvajset
Zero	Nič

Nutrizione
Prehrana

Amaro	Grenko
Appetito	Apetit
Bilanciato	Uravnoteženo
Calorie	Kalorij
Commestibile	Užitna
Dieta	Dieta
Digestione	Prebava
Fermentazione	Fermentacija
Gusto	Okus
Liquidi	Tekočine
Nutriente	Hranilo
Peso	Teža
Proteine	Beljakovine
Qualità	Kakovost
Salsa	Omaka
Salute	Zdravje
Sano	Zdrav
Spezie	Začimbe
Tossina	Toksin
Vitamina	Vitamin

Oceano
Ocean

Anguilla	Jegulja
Balena	Kit
Barca	Čoln
Corallo	Korale
Delfino	Delfin
Gamberetto	Kozica
Granchio	Rak
Maree	Plimovanje
Medusa	Meduze
Onde	Valovi
Ostrica	Ostrige
Pesce	Ribe
Polpo	Hobotnica
Sale	Sol
Scogliera	Greben
Spugna	Goba
Squalo	Morski Pes
Tartaruga	Želva
Tempesta	Nevihta
Tonno	Tuna

Paesaggi
Pokrajine

Cascata	Slap
Collina	Hrib
Deserto	Puščava
Fiume	Reka
Geyser	Gejzir
Ghiacciaio	Ledenik
Grotta	Jama
Iceberg	Ledena Gora
Isola	Otok
Lago	Jezero
Mare	Morje
Montagna	Gora
Oasi	Oaza
Oceano	Ocean
Palude	Močvirje
Penisola	Polotok
Spiaggia	Plaža
Tundra	Tundra
Valle	Dolina
Vulcano	Vulkan

Paesi #2
Države #2

Albania	Albanija
Danimarca	Danska
Etiopia	Etiopija
Giamaica	Jamajka
Giappone	Japonska
Grecia	Grčija
Haiti	Haiti
Indonesia	Indonezija
Irlanda	Irska
Laos	Laos
Liberia	Liberija
Messico	Mehika
Nepal	Nepal
Nigeria	Nigerija
Pakistan	Pakistan
Russia	Rusija
Siria	Sirija
Sudan	Sudan
Ucraina	Ukrajina
Uganda	Uganda

Pesca
Ribolov

Acqua	Voda
Attrezzatura	Oprema
Barca	Čoln
Branchie	Škrge
Cesto	Košara
Cucinare	Kuhati
Esagerazione	Pretiravanje
Esca	Vaba
Filo	Žica
Fiume	Reka
Gancio	Kljuka
Lago	Jezero
Mascella	Čeljust
Oceano	Ocean
Peso	Teža
Pinne	Plavuti
Spiaggia	Plaža
Stagione	Sezona

Piante
Rastline

Albero	Drevo
Bacca	Jagodičje
Bambù	Bambus
Botanica	Botanika
Cactus	Kaktus
Cespuglio	Grm
Crescere	Rasti
Edera	Bršljan
Erba	Trava
Fagiolo	Fižol
Fertilizzante	Gnojilo
Fiore	Cvet
Flora	Flora
Fogliame	Listje
Foresta	Gozd
Giardino	Vrt
Muschio	Mah
Petalo	Cvetni List
Radice	Koren
Vegetazione	Vegetacija

Pirati
Pirati

Ancora	Sidro
Avventura	Pustolovščina
Bandiera	Zastava
Bussola	Kompas
Capitano	Kapitan
Cattivo	Slab
Cicatrice	Brazgotina
Equipaggio	Posadka
Grotta	Jama
Isola	Otok
Leggenda	Legenda
Mappa	Zemljevid
Monete	Kovanci
Oro	Zlato
Pappagallo	Papiga
Pericolo	Nevarnost
Rum	Rum
Spada	Meč
Spiaggia	Plaža
Tesoro	Zaklad

Professioni #1
Poklici #1

Allenatore	Trener
Ambasciatore	Ambasador
Artista	Umetnik
Astronomo	Astronom
Avvocato	Odvetnik
Ballerino	Plesalka
Banchiere	Bankir
Cacciatore	Lovec
Cartografo	Kartograf
Editore	Urednik
Farmacista	Farmacevt
Geologo	Geolog
Gioielliere	Zlatar
Idraulico	Vodovodar
Marinaio	Mornar
Musicista	Glasbenik
Pianista	Pianist
Psicologo	Psiholog
Scienziato	Znanstvenik
Veterinario	Veterinar

Professioni #2
Poklici #2

Astronauta	Astronavt
Bibliotecario	Knjižničar
Biologo	Biolog
Chirurgo	Kirurg
Dentista	Zobozdravnik
Detective	Detektiv
Filosofo	Filozof
Fotografo	Fotograf
Giardiniere	Vrtnar
Giornalista	Novinar
Illustratore	Ilustrator
Ingegnere	Inženir
Insegnante	Učitelj
Inventore	Izumitelj
Linguista	Jezikoslovec
Medico	Zdravnik
Pilota	Pilot
Pittore	Slikar
Ricercatore	Raziskovalec
Zoologo	Zoolog

Riempire
Za Zapolnitev

Bacino	Bazen
Barile	Sod
Borsa	Torba
Bottiglia	Steklenica
Busta	Ovojnica
Cartella	Mapa
Cassa	Zaboj
Cassetto	Predal
Cesto	Košara
Nave	Plovilo
Pacchetto	Paket
Scatola	Škatla
Secchio	Vedro
Tasca	Žep
Tubo	Cev
Valigia	Kovček
Vasca	Kad
Vaso	Vaza
Vassoio	Pladenj

Ristorante #1
Restavracija #1

Allergia	Alergija
Caffè	Kava
Cameriera	Natakarica
Carne	Meso
Cassiere	Blagajnik
Cibo	Hrana
Ciotola	Skleda
Coltello	Nož
Cucina	Kuhinja
Dessert	Sladica
Ingredienti	Sestavine
Mangiare	Jesti
Menù	Meni
Pane	Kruh
Piatto	Plošča
Piccante	Začinjen
Pollo	Piščanec
Prenotazione	Rezervacija
Salsa	Omaka
Tovagliolo	Prtiček

Ristorante #2
Restavracija #2

Acqua	Voda
Aperitivo	Predjed
Bevanda	Pijača
Cameriere	Natakar
Cena	Večerja
Cucchiaio	Žlica
Delizioso	Odlično
Forchetta	Vilice
Frutta	Sadje
Ghiaccio	Led
Insalata	Solata
Minestra	Juha
Pesce	Ribe
Pranzo	Kosilo
Sale	Sol
Sedia	Stol
Spezie	Začimbe
Torta	Torta
Uova	Jajca
Verdure	Zelenjava

Scacchi
Šah

Avversario	Nasprotnik
Bianco	Bela
Campione	Prvak
Concorso	Natečaj
Diagonale	Diagonalno
Giocatore	Igralec
Gioco	Igra
Nero	Črna
Passivo	Pasivno
Punti	Točk
Re	Kralj
Regina	Kraljica
Regole	Pravila
Sacrificio	Žrtvovati
Sfide	Izzivi
Strategia	Strategija
Tempo	Čas
Torneo	Turnir

Scienza
Znanost

Atomo	Atom
Chimico	Kemikalija
Clima	Podnebje
Dati	Podatki
Esperimento	Poskus
Evoluzione	Evolucija
Fatto	Dejstvo
Fisica	Fizika
Fossile	Fosil
Gravità	Gravitacija
Ipotesi	Hipoteza
Laboratorio	Laboratorij
Metodo	Metoda
Minerali	Minerali
Molecole	Molekule
Natura	Narava
Organismo	Organizem
Osservazione	Opazovanje
Particelle	Delci
Scienziato	Znanstvenik

Scuola #1
Šola #1

Alfabeto	Abeceda
Amici	Prijatelji
Aula	Učilnica
Biblioteca	Knjižnica
Carta	Papir
Cartelle	Mape
Divertimento	Zabavno
Esami	Izpiti
Insegnante	Učitelj
Libri	Knjige
Matematica	Matematika
Matita	Svinčnik
Numeri	Številke
Pranzo	Kosilo
Quiz	Kviz
Risposte	Odgovori
Sedia	Stol

Scuola #2
Šola #2

Accademico	Akademski
Autobus	Avtobus
Biblioteca	Knjižnica
Calendario	Koledar
Carta	Papir
Computer	Računalnik
Dizionario	Slovar
Educazione	Izobraževanje
Forbici	Škarje
Giochi	Igre
Grammatica	Slovnica
Insegnante	Učitelj
Letteratura	Literatura
Lettura	Branje
Libri	Knjige
Matematica	Matematika
Matita	Svinčnik
Scarpe	Čevlji
Scienza	Znanost
Zaino	Nahrbtnik

Spezie
Začimbe

Acido	Kislo
Aglio	Česen
Amaro	Grenko
Anice	Janež
Cannella	Cimet
Cardamomo	Kardamom
Cipolla	Čebula
Coriandolo	Koriander
Cumino	Kumina
Curcuma	Kurkuma
Curry	Curry
Dolce	Sladko
Finocchio	Koromač
Gusto	Okus
Paprika	Paprika
Pepe	Poper
Sale	Sol
Vaniglia	Vanilija
Zafferano	Žafran
Zenzero	Ingver

Spiaggia
Plaža

Asciugamano	Brisača
Barca	Čoln
Barca a Vela	Jadrnica
Blu	Modra
Costa	Obala
Dock	Dok
Granchio	Rak
Isola	Otok
Laguna	Laguna
Mare	Morje
Oceano	Ocean
Ombrello	Dežnik
Sabbia	Pesek
Sandali	Sandali
Scogliera	Greben
Sole	Sonce
Vacanza	Dopust

Sport
Šport

Allenatore	Trener
Arbitro	Sodnik
Atleta	Športnik
Baseball	Baseball
Basket	Košarka
Bicicletta	Kolo
Campionato	Prvenstvo
Ginnastica	Gimnastika
Giocatore	Igralec
Gioco	Igra
Golf	Golf
Hockey	Hokej
Movimento	Gibanje
Squadra	Ekipa
Stadio	Stadion
Tennis	Tenis
Vincitore	Zmagovalec

Strumenti Musicali
Glasbila

Armonica	Orglice
Arpa	Harfa
Banjo	Banjo
Chitarra	Kitara
Clarinetto	Klarinet
Fagotto	Fagot
Flauto	Flavta
Gong	Gong
Mandolino	Mandolina
Marimba	Marimba
Oboe	Oboa
Percussione	Tolkala
Pianoforte	Klavir
Sassofono	Saksofon
Tamburello	Tamburin
Tamburo	Boben
Tromba	Trobenta
Trombone	Trombon
Violino	Violina
Violoncello	Violončelo

Surf
Deskanje

Atleta	Športnik
Campione	Prvak
Divertimento	Zabavno
Estremo	Ekstremno
Folla	Množice
Forza	Moč
Meteo	Vreme
Oceano	Ocean
Onda	Val
Pagaia	Veslo
Popolare	Priljubljeno
Principiante	Začetnik
Schiuma	Pena
Scogliera	Greben
Spiaggia	Plaža
Stile	Slog
Stomaco	Želodec
Velocità	Hitrost

Tecnologia
Tehnologija

Blog	Blog
Browser	Brskalnik
Byte	Bajti
Computer	Računalnik
Cursore	Kurzor
Dati	Podatki
Digitale	Digitalno
File	Mapa
Font	Pisava
Internet	Internet
Messaggio	Sporočilo
Ricerca	Raziskave
Schermo	Zaslon
Sicurezza	Varnost
Statistiche	Statistika
Telecamera	Fotoaparat
Virtuale	Virtualno
Virus	Virus

Tempo
Čas

Anno	Leto
Annuale	Letni
Calendario	Koledar
Decennio	Desetletje
Dopo	Po
Futuro	Prihodnost
Giorno	Dan
Ieri	Včeraj
Mattina	Jutro
Mese	Mesec
Mezzogiorno	Opoldne
Minuto	Minuta
Momento	Trenutek
Notte	Noč
Oggi	Danes
Orologio	Ura
Presto	Kmalu
Prima	Pred
Secolo	Stoletje
Settimana	Teden

Tipi di Capelli
Vrste Las

Argento	Srebro
Asciutto	Suha
Bianco	Bela
Biondo	Blond
Breve	Kratek
Calvo	Plešast
Grigio	Siva
Intrecciato	Pleteno
Liscio	Gladko
Lungo	Dolga
Marrone	Rjav
Morbido	Mehko
Nero	Črna
Ondulato	Valovita
Riccio	Kodrasti
Riccioli	Kodri
Sano	Zdrav
Sottile	Tanek
Spessore	Debel
Trecce	Kite

Uccelli
Ptice

Airone	Čaplja
Anatra	Raca
Aquila	Orel
Cicogna	Štorklja
Cigno	Labod
Cuculo	Kukavica
Falco	Sokol
Fenicottero	Flamingo
Gabbiano	Galeb
Oca	Gos
Pappagallo	Papiga
Passero	Vrabec
Pavone	Pav
Pellicano	Pelikan
Piccione	Golob
Pinguino	Pingvin
Pollo	Piščanec
Struzzo	Noj
Tucano	Tukan
Uovo	Jajce

Vacanze #2
Počitniški #2

Aeroporto	Letališče
Campeggio	Kampiranje
Destinazione	Cilj
Foto	Fotografije
Hotel	Hotel
Isola	Otok
Mappa	Zemljevid
Mare	Morje
Passaporto	Potni List
Ristorante	Restavracija
Spiaggia	Plaža
Straniero	Tujec
Taxi	Taksi
Tempo Libero	Prosti Čas
Tenda	Šotor
Trasporto	Prevoz
Treno	Vlak
Vacanza	Počitnice
Viaggio	Potovanje
Visto	Vizum

Veicoli
Vozila

Aereo	Letalo
Ambulanza	Ambulanta
Auto	Avto
Autobus	Avtobus
Barca	Čoln
Bicicletta	Kolo
Camion	Tovornjak
Caravan	Karavana
Elicottero	Helikopter
Furgone	Van
Motore	Motor
Pneumatici	Pnevmatike
Razzo	Raketa
Scooter	Skuter
Sottomarino	Podmornica
Taxi	Taksi
Traghetto	Trajekt
Trattore	Traktor
Treno	Vlak
Zattera	Splav

Verdure
Zelenjava

Aglio	Česen
Broccolo	Brokoli
Carciofo	Artičoka
Carota	Korenje
Cetriolo	Kumara
Cipolla	Čebula
Fungo	Goba
Insalata	Solata
Melanzana	Jajčevec
Patata	Krompir
Pisello	Grah
Pomodoro	Paradižnik
Prezzemolo	Peteršilj
Rapa	Repa
Ravanello	Redkev
Scalogno	Šalotka
Sedano	Zelena
Spinaci	Špinača
Zenzero	Ingver
Zucca	Buče

Vestiti
Oblačila

Abito	Obleka
Braccialetto	Zapestnica
Camicetta	Bluza
Camicia	Srajca
Cappello	Klobuk
Cappotto	Plašč
Cintura	Pas
Collana	Ogrlica
Giacca	Jakna
Gonna	Krilo
Grembiule	Predpasnik
Guanti	Rokavice
Jeans	Kavbojke
Maglione	Pulover
Moda	Moda
Pantaloni	Hlače
Pigiama	Pižame
Sandali	Sandali
Scarpa	Čevelj
Sciarpa	Šal

Virtù #1
Vrline #1

Affascinante	Očarljiv
Affidabile	Zanesljiv
Appassionato	Strasten
Artistico	Umetniška
Buono	Dobro
Curioso	Radoveden
Decisivo	Odločilen
Divertente	Smešno
Efficiente	Učinkovito
Generoso	Velikodušen
Indipendente	Neodvisna
Intelligente	Inteligenten
Modesto	Skromen
Paziente	Potrpežljiv
Pratico	Praktično
Pulito	Čist
Saggio	Moder
Utile	Koristno

Congratulazioni

Ce l'hai fatta!

Speriamo che questo libro vi sia piaciuto tanto quanto a noi è piaciuto concepirlo. Ci sforziamo di creare libri della più alta qualità possibile.
Questa edizione è progettata per fornire un apprendimento intelligente, di qualità e divertente!

Le è piaciuto questo libro?

Una Semplice Richiesta

Questi libri esistono grazie alle recensioni che pubblicate.

Puoi aiutarci lasciando una recensione
ora a questo link ?

BestBooksActivity.com/Recensioni50

SFIDA FINALE!

Sfida n°1

Sei pronto per il tuo gioco gratuito? Li usiamo sempre, ma non sono così facili da trovare - ecco i **Sinonimi!**

Scrivi 5 parole che hai trovato nei puzzle (n° 21, n° 36, n° 76) e prova a trovare 2 sinonimi per ogni parola.

Scrivi 5 parole del **Puzzle 21**

Parole	Sinonimo 1	Sinonimo 2

Scrivi 5 parole del **Puzzle 36**

Parole	Sinonimo 1	Sinonimo 2

Scrivi 5 parole del **Puzzle 76**

Parole	Sinonimo 1	Sinonimo 2

Sfida n°2

Ora che ti sei riscaldato, scrivi 5 parole che hai trovato nei puzzle n° 9, n° 17 e n° 25 e cerca di trovare 2 contrari per ogni parola. Quanti ne puoi trovare in 20 minuti?

Scrivi 5 parole del **Puzzle 9**

Parole	Antonimo 1	Antonimo 2

Scrivi 5 parole del **Puzzle 17**

Parole	Antonimo 1	Antonimo 2

Scrivi 5 parole del **Puzzle 25**

Parole	Antonimo 1	Antonimo 2

Sfida n°3

Grande! Questa sfida non è niente per te!

Pronto per la sfida finale? Scegli 10 parole che hai scoperto nei diversi puzzle e scrivile qui sotto.

1.	6.
2.	7.
3.	8.
4.	9.
5.	10.

Ora scrivi un testo pensando a una persona, un animale o un luogo che ti piace.

Puoi usare l'ultima pagina di questo libro come bozza.

La tua composizione:

TACCUINO:

A PRESTO!

Tutta la Squadra

SCOPRIRE GIOCHI GRATIS

GO

↓

BESTACTIVITYBOOKS.COM/FREEGAMES